Examens de l'OCDE sur la gouvernance publique

Examen d'intégrité dans les marchés publics du Québec, Canada

UNE APPROCHE STRATÉGIQUE CONTRE LES RISQUES DE CORRUPTION

Ce document, ainsi que les données et cartes qu'il peut comprendre, sont sans préjudice du statut de tout territoire, de la souveraineté s'exerçant sur ce dernier, du tracé des frontières et limites internationales, et du nom de tout territoire, ville ou région.

Merci de citer cet ouvrage comme suit :
OCDE (2020), *Examen d'intégrité dans les marchés publics du Québec, Canada : Une approche stratégique contre les risques de corruption*, Examens de l'OCDE sur la gouvernance publique, Éditions OCDE, Paris, *https://doi.org/10.1787/g2g95003-fr*.

ISBN 978-92-64-30594-6 (imprimé)
ISBN 978-92-64-30595-3 (pdf)

Examens de l'OCDE sur la gouvernance publique
ISSN 2226-5953 (imprimé)
ISSN 2226-5961 (en ligne)

Crédits photo : Couverture © R.M. Nunes/Shutterstock.com.

Les corrigenda des publications sont disponibles sur : *www.oecd.org/about/publishing/corrigenda.htm*.

Avant-propos

Les marchés publics sont un secteur névralgique pour l'atteinte de divers objectifs en matière de politiques publiques, tout en étant très vulnérable au risque de corruption ou de dérives éthiques. Outre le volume des transactions et les intérêts financiers en jeu, les risques de corruption sont exacerbés par la complexité des processus, l'interaction étroite entre les agents de la fonction publique et les entreprises, et la multitude de parties prenantes.

Les autorités infranationales sont particulièrement vulnérables à la corruption dans les marchés publics, puisque la part des marchés au niveau infranational représente 63 % des marchés publics dans les pays de l'OCDE. Au Canada, presque 90 % des marchés publics sont administrés par les gouvernements infranationaux. Il est difficile d'établir avec certitude le coût exact de la corruption dans les marchés publics, considérant la nature cachée de la corruption. Toutefois, dans les projets de construction uniquement, les estimations de pertes de valeur des projets à hauteur de 20 % à 30 % à cause de la corruption sont relativement répandues.

Au Québec, l'ampleur des stratagèmes de corruption exposés devant la *Commission d'enquête sur l'octroi et la gestion des contrats publics dans l'industrie de la construction* (la Commission Charbonneau) a fortement ébranlé la confiance du public dans ses institutions gouvernementales. La crise de confiance causée par l'instrumentalisation des marchés publics au profit d'intérêts privés se fait toujours sentir aujourd'hui, et c'est pourquoi l'intégrité des marchés est devenue un enjeu de premier plan au Québec. Le gouvernement a mis en place de nombreuses mesures robustes suite aux recommandations de la Commission Charbonneau. Leur intégration en une approche stratégique pour renforcer l'intégrité et l'efficience dans l'ensemble des marchés publics pourrait les rendre encore plus efficaces.

Selon le Baromètre de la confiance *Edelman*, la confiance de la population envers leur gouvernement s'établit à 55 % en 2019, en hausse de 11 points par rapport à 2018 et de 16 points par rapport à 2017. Toutefois, 43 % de la population québécoise estimait en 2018 que les gouvernements sont l'institution dont les fondations sont les plus fragiles.

Ainsi, un engagement ferme et sans équivoque à promouvoir la résilience des processus d'attribution des marchés publics s'impose afin de restaurer la confiance des citoyens. Le gouvernement du Québec est pleinement conscient de cette situation, et c'est dans ce contexte qu'il a tendu la main à l'OCDE afin de pouvoir situer l'étendue de ses efforts pour renforcer l'intégrité dans les marchés publics par rapport aux bonnes pratiques mises en place dans les pays membres de l'OCDE. Dans un premier temps, l'objectif de cet examen d'intégrité est de prendre acte des efforts entrepris par le gouvernement du Québec. En second lieu, ce rapport discute les bonnes pratiques mises en œuvre dans les pays de l'OCDE afin de renforcer l'intégrité dans les marchés publics qui pourraient être adaptées au contexte québécois.

Malgré l'indignation que peut avoir créé les révélations de la Commission Charbonneau, le gouvernement du Québec peut saisir cette opportunité afin de mobiliser l'ensemble des acteurs vers l'atteinte de standards de transparence, de reddition de compte et d'intégrité dans la conduite des marchés publics qui se comparent avantageusement au niveau international. En mettant en œuvre les recommandations prévues à cet examen d'intégrité, Québec pourrait jeter les bases d'une approche stratégique et proactive afin de renforcer l'intégrité dans les marchés publics. Ultimement, cette approche pourrait servir de tremplin pour le développement d'une stratégie globale pour combattre la corruption et renforcer les dispositifs d'intégrité applicables à l'ensemble de la fonction publique.

Ce document a été approuvé par le Groupe de travail des hauts responsables de l'intégrité publique de l'OCDE (SPIO) le 06 juillet 2020 ainsi que le Groupe de travail des experts des marchés publics de l'OCDE (LPP) le 31 octobre 2019.

Le document [GOV/PGC/INT(2020)4/REV1] a été approuvé par le Comité de la gouvernance publique le 24 septembre 2020 et a été préparé pour publication par le Secrétariat de l'OCDE.

Remerciements

Le présent rapport a été préparé par la Division de l'Intégrité dans le secteur public de la Direction de la Gouvernance publique de l'OCDE. Sous la supervision de Janós Bertók et Julio Bacio Terracino, Frédéric St-Martin et Frédéric Boehm en ont coordonné son élaboration. Les chapitres ont été rédigés par Frédéric St-Martin, Matthieu Cahen et Kenza Khachani, avec les précieuses contributions de Paulo Magina, Antoine Comps et Pauline Bertrand. Le rapport a été préparé pour publication par Meral Gedik, Thibaut Gigou, et Laura Mc Donald, et Alpha Zambou et Jelena Damnjanovic ont assuré l'appui administratif.

L'OCDE exprime sa gratitude aux représentants des ministères et aux institutions gouvernementales du Québec impliquées dans cette Revue d'intégrité dans les marchés publics du Québec, et qui ont pris part aux échanges organisés dans le cadre de la mission d'information qui a eu lieu du 9 au 13 juillet 2018 à Québec et à Montréal: Mme Carole Arav, M. Éric Bergeron, Mme Julie Veillette, M. Bruno Doutriaux, Mme Sylvie Gauvin, M. Pierre Dallaire, Mme Caroline Lortie, M. Oliver Dumas, M. Michel Dumont, Mme Nathalie Gosselin et M. Philippe Bettez Quessy du Secrétariat du Conseil du Trésor ; M. Michel Duchesne et Mme Nathalie Jacques du ministère des Affaires municipales et de l'Habitation; M. Sylvain Lepage et M. Patrick Émond de la Fédération québécoise des municipalités; M. Éric Drouin, M. Nicolas Fournier et M. Jonathan Bélanger du ministère des Transports, de la Mobilité durable et de l'Électrification des transports; M. Alain Fortin et Mme Moïsette Fortin du bureau du Vérificateur général du Québec; M. Frédéric Pérodeau et M. Louis Letellier de l'Autorité des marchés financiers; Mme Maha Ben Salah et Mme Tabita Nicolaica du ministère du Travail, de l'Emploi et de la Solidarité sociale; M. Ghislain Arseneault de la Régie de l'Assurance maladie du Québec; Mme Caroline Fontaine de la Société québécoise des infrastructures; M. Pierre Hamel de l'Association de la construction du Québec; M. André Rainville de l'Association des firmes de génie-conseil; Mme Manon Bertrand, présidente de Construction SRB; M. Pierre-Olivier Brodeur du Comité de suivi de la Commission Charbonneau; M. Pierre-Yves Boivin et M. Philippe Noël de la Fédération des Chambres de commerce du Québec; Mme Isabelle Jodoin de Stantec; Mme Isabelle Gagnon de Roche Diagnostics; M. Gaëtan Demers de WSP; M. Jasmin Savard et Me Charlotte Deslauriers-Goulet de l'Union des municipalités du Québec; M. Benoît Pinet de l'Unité permanente anticorruption; et M. Pierre Egesborg et M. Freddy Foley du Bureau de l'inspecteur-général de la ville de Montréal.

Table des matières

GRAPHIQUES

TABLEAUX

Suivez les publications de l'OCDE sur :

http://twitter.com/OECD_Pubs

http://www.facebook.com/OECDPublications

http://www.linkedin.com/groups/OECD-Publications-4645871

http://www.youtube.com/oecdilibrary

OECD Alerts http://www.oecd.org/oecddirect/

Abréviations et acronymes

ACCQO	Accord de Commerce et de Coopération entre le Québec et l'Ontario
AECG	Accord économique et commercial global entre le Canada et l'Union européenne
ALEC	Accord de libre-échange canadien
AMF	Autorité des marchés financiers
AMP	Autorité des marchés publics
ANAC	Autorità Nazzionale Anticorruzione (Agence nationale anti-corruption)
AO	Appel d'offres
AOI	Appel d'offres sur invitation
AOP	Appel d'offres public
APS	American Purchasing Society
BCP	Bureau du commissaire aux plaintes
BIG	Bureau de l'inspecteur général de la ville de Montréal
BIOS	Bureau Integriteitsbevordering Openbare Sector (Bureau national d'éthique)
BNQ	Bureau de normalisation du Québec
BPME	Bureau des petites et moyennes entreprises
BRIAS	Bid-Rigging Indicator Analysis System
CCAF	Comité d'audit de l'administration fédérale
CEI	Comité d'experts indépendants
CMQ	Commission municipale du Québec
CNN	Conseil canadien des normes
COAG	Council of Australian Governments (Conseil des autorités australiennes)
CSPQ	Centre de services partagés du Québec
CTCV	Coût total du cycle de vie
DGT	Direction générale territoriale
DOP	Donneur d'ouvrage public
FQM	Fédération québécoise des municipalités
FRVI	Forum des responsables de la vérification interne

GTCF	Grupo des Trabajo sobre la Coordinación para la Fiscalización (Groupe de travail sur la coordination de l'audit)
IIA	Institute of Internal Auditors (Institut des vérificateurs internes)
IMSS	Instituto Mexicano de Seguro Social (Institut de sécurité sociale du Mexique)
ISC	Institutions supérieures de contrôle
ISO	Organisation internationale de normalisation
LAMP	Loi sur l'Autorité des marchés publics
LCLCC	Loi concernant la lutte contre la corruption
LCOP	Loi sur les contrats des organismes publics
LCV	Loi sur les cités et les villes
LPFDAR	Loi sur la protection des fonctionnaires divulgateurs d'actes répréhensibles
MAMH	Ministère des Affaires municipales et de l'Habitation
MIT	Ministero delle Infrastrutture e dei Trasporti) (Ministère des Infrastructures et des Transports)
MRC	Municipalité régionale de comté
MTESS	Ministère du Travail, de l'Emploi et de la Solidarité sociale
MTQ	Ministère des Transports du Québec
NHS	National Health System (Système national de santé)
OBNL	Organisme à but non lucratif
OCDE	Organisation de coopération et de développement économiques
OEN	Organisme d'évaluation des normes
OFPP	Office of Federal Procurement Policy (Bureau de la politique des marchés publics fédéraux)
OGPR	Office of Government Procurement Review (Bureau d'examen des marchés publics)
PGAGL	Programme gouvernemental d'apprentissage du gestionnaire-leader
PGC	Politique de gestion contractuelle
PIMAC	Public and Private Infrastructure Investment Management Center (Centre de la gestion des investissements publics et privés en infrastructures)
RAMQ	Régie de l'assurance maladie du Québec
RARC	Responsable de l'application des règles contractuelles
RCAOP	Règlement sur certains contrats d'approvisionnement des organismes publics
RCOPTI	Règlement sur les contrats des organismes publics en matière de technologies de l'information
RENA	Registre des entreprises non admissibles aux contrats publics
SAM	System for Award Management

SAP	Sourcing Activities Plan
SCT	Secrétariat du Conseil du trésor
SEAO	Système électronique d'appel d'offres
SIS	Special Investigation Service
SPAC	Services publics et Approvisionnement Canada
SQI	Société québécoise des infrastructures
UE	Union européenne
UGAG	Union des groupements d'achats publics
UMQ	Union des municipalités du Québec
UPAC	Unité permanente anticorruption
VGQ	Vérificateur général du Québec

Résumé

La lutte contre la corruption dans les marchés publics, secteur particulièrement exposé, nécessite un cadre et des acteurs capables de répondre à une multitude de risques affectant l'ensemble du cycle de la commande publique. Le Québec a entrepris une démarche ambitieuse en réponse aux recommandations de la Commission Charbonneau. Une application optimale de ces mesures pourrait avoir un impact déterminant sur la confiance du public dans ses institutions gouvernementales et dans leur gestion des fonds publics. Afin de compléter les récentes réformes et renforcer les efforts entrepris, Québec pourrait définir une approche exhaustive et stratégique lui permettant d'anticiper le risque de corruption affectant la conduite des marchés publics.

Principaux constats

Québec a investi des efforts indéniables pour prévenir la corruption dans les marchés publics, et ces efforts auraient avantage à être mis en œuvre au moyen d'une approche intégrée dans un contexte décentralisé. Plusieurs organismes sont habilités à exercer des pouvoirs de surveillance étendus sur l'ensemble des marchés publics du Québec, mais une stratégie de coordination proactive pourrait accroître l'efficience de ces mesures. Québec a déjà jeté les bases de cette stratégie en développant une méthodologie de gestion du risque pour la conduite des marchés publics alignée avec les bonnes pratiques internationales.

Les travaux du Comité d'experts indépendants (CEI) pour accroître la transparence du processus de programmation du ministère des Transports (MTQ) ont été salués par tous, mais son mandat pourrait être formalisé. Les processus de programmation décentralisés des organismes publics et municipaux pourraient être mieux encadrés et coordonnés afin d'être intégrés dans une approche stratégique.

L'intégrité des marchés publics nécessite des modes de passation des marchés et un degré de transparence adéquats. Québec a entrepris de nombreux efforts en ce sens, mais pourrait renforcer la cohérence et la constance dans l'utilisation des exceptions aux appels d'offres publics (AOP). De plus, malgré la possibilité d'utiliser plusieurs critères d'attribution, le prix le plus bas reste le plus utilisé. La transparence, particulièrement pour la phase en amont et l'exécution des marchés, pourrait être améliorée en ajoutant des fonctionnalités au système électronique d'appel d'offres (SEAO).

L'augmentation de la concurrence est un vecteur important de lutte contre la corruption. Ainsi, les mesures encadrant les relations entre donneurs d'ordre et le secteur privé ou imposant des exigences réglementaires et des contrôles sur les soumissionnaires ne doivent pas se faire au détriment de la concurrence. De plus, Québec pourrait davantage adapter les délais de soumission à la complexité des marchés, car environ un tiers des AOP font l'objet d'*addendas* repoussant la clôture des soumissions.

La phase d'exécution contractuelle dans les marchés est particulièrement vulnérable aux risques affectant l'intégrité des marchés publics. Cette étape du cycle de la commande publique concentre la majorité des conséquences économiques de la corruption. Ainsi, le gouvernement du Québec a développé un arsenal législatif et institutionnel poussé permettant de soumettre l'exécution contractuelle à une vigilance accrue. Des pouvoirs confiés à l'Autorité des marchés publics (AMP) aux mesures de contrôle préalables à l'octroi des marchés publics, toutes ces initiatives ont pour objectif d'isoler les marchés publics des actes de corruption lors de l'exécution des contrats publics.

Principales recommandations

Tout en conservant une décentralisation des responsabilités d'application, Québec peut renforcer la coordination de ses actions en matière d'intégrité en établissant des références plus contraignantes pour l'ensemble des organismes publics, ainsi que des mesures accrues de support et d'évaluation pour le monde municipal. Les organismes de surveillance ayant des mandats susceptibles de se chevaucher pourraient coordonner leurs activités de surveillance selon une analyse du risque et prendre en compte les avantages comparatifs de chaque institution. En considérant leur expertise et perspective uniques, les institutions de surveillance pourraient contribuer significativement à la définition de l'approche stratégique, l'accompagnement et le partage de connaissances en matière d'intégrité dans les marchés publics, et ainsi jouer un rôle préventif non-négligeable.

Québec pourrait tabler sur les récents succès du CEI en le formalisant dans une loi ou une directive, et en considérant l'extension de ses activités à tous les projets majeurs d'infrastructure. Les processus de programmation des besoins pourraient également être solidifiés et harmonisés dans les organismes publics et municipaux.

Le gouvernement du Québec pourrait promouvoir davantage le recours aux procédures concurrentielles, et revoir le système relatif aux exceptions aux AOP tout en renforçant leur contrôle. L'utilisation de critères d'attribution multiples et le « coût total du cycle de vie » pourraient être davantage utilisés afin d'améliorer la concurrence. Le gouvernent gagnerait à accroître la transparence dans la phase amont (plans d'achat) et la phase d'exécution du contrat. Étant donné le rôle clé du SEAO dans le renforcement de l'intégrité, le gouvernement pourrait poursuivre ses efforts de digitalisation en intégrant des fonctionnalités additionnelles et en prévoyant des échéances claires pour rendre obligatoire la soumission électronique des offres.

L'opérationnalisation du régime d'autorisation de contracter pourrait être améliorée en définissant préalablement des objectifs mesurables afin d'évaluer sa performance et son impact sur la conduite des marchés publics, et en adaptant son champ d'application selon les risques inhérents à chaque marché. Le gouvernement du Québec gagnerait à davantage prendre en compte l'impact des exigences règlementaires sur la concurrence et sur l'accès des fournisseurs canadiens hors-Québec dans ses marchés publics.

Compte tenu de l'importance en nombre et en valeur des marchés publics au Québec, une stratégie effective pour combattre la corruption à l'étape de l'exécution contractuelle nécessite la mobilisation de tous les acteurs pour atteindre cet objectif. Ainsi, les institutions de vérification pourraient prioriser leurs contrôles sur la base d'indicateurs de risques objectifs pour concentrer leurs efforts sur les marchés les plus exposés. En complément, le gouvernement du Québec pourrait renforcer et harmoniser les rôles des acteurs directement impliqués dans l'exécution des marchés publics. En effet, ceux-ci, qu'ils soient publics comme le responsable de l'application des règles contractuelles (RARC) ou privés comme les vérificateurs de chantier, ont des attributions et un degré de responsabilisation variables selon les marchés et les donneurs d'ordre. Un renforcement et une plus grande harmonisation de leurs responsabilités permettraient de développer un cadre de gestion contractuelle résilient aux risques de corruption.

1 Renforcer l'intégrité dans les marchés publics au Québec

Ce chapitre analyse les cadres institutionnels et réglementaires mis en place par le Québec afin de répondre adéquatement aux risques de corruption dans les marchés publics. D'abord, ce chapitre analyse le cadre institutionnel des organismes publics et municipaux afin de garantir une application cohérente des normes d'intégrité aux marchés publics et une approche axée sur le renforcement des capacités. Ensuite, le chapitre approfondit la question de l'application des normes sous l'angle : 1) du suivi et de l'évaluation de leur mise en œuvre, dans un contexte de forte décentralisation ; et 2) du développement de formations adaptées aux besoins des spécialistes des marchés publics de différents niveaux hiérarchiques. Finalement, ce chapitre conclut en analysant le cadre de gestion du risque de corruption et de contrôle dans les marchés publics aux niveaux gouvernemental et municipal.

Afin d'atteindre des hauts standards d'intégrité et de performance dans les marchés publics, il est essentiel que les institutions pertinentes se coordonnent de manière efficace et selon des responsabilités bien définies, et ce particulièrement dans des contextes caractérisés par une forte décentralisation. Les institutions publiques doivent également mettre en œuvre des mesures d'orientation et de suivi, ainsi que des indicateurs fiables qui leur permettront d'exercer une surveillance efficace sur la mise des politiques et standards pertinents. Ces indicateurs doivent être développés et priorisés selon une approche stratégique basée sur le risque et l'atteinte des objectifs institutionnels prédéfinis.

Développer un cadre institutionnel intégré afin de mettre en œuvre une approche cohérente en matière d'intégrité applicable à l'ensemble du gouvernement et des municipalités

Le gouvernement du Québec a accompli des progrès significatifs ces dernières années dans le but de mettre en place un cadre institutionnel d'intégrité dans les processus de marchés publics applicable aux organismes publics et municipaux. Ainsi, deux cadres institutionnels distincts s'appliquent dans le secteur public québécois : d'une part, celui régissant les contrats des ministères et des organismes relevant du gouvernement (les organismes publics) et, d'autre part, celui régissant les contrats des organismes municipaux (tableau 1.1). En matière d'intégrité et de transparence, ces deux cadres normatifs sont, à quelques détails près, très semblables. Cependant, le cadre institutionnel du gouvernement québécois pourrait adopter une approche plus coordonnée pour la mise en place de standards d'intégrité dans les organismes publics et municipaux, qui opèrent actuellement dans un contexte hautement décentralisé.

Tableau 1.1. Nombre d'organismes publics et municipaux au Québec

Cadres normatifs	Ministère responsable	Réseaux visés	Nombre
Organismes publics	Secrétariat du Conseil du trésor (SCT)	Ministères et organismes Réseau de l'éducation Réseau de la santé et des services sociaux Entreprises d'état	315
Organismes municipaux	Ministère des Affaires municipales et de l'Habitation (MAMH)	Municipalités Organismes municipaux	± 1 430

Source : Réponses au questionnaire de l'OCDE fournies par le gouvernement du Québec.

Développer des standards contraignants pour l'établissement d'infrastructures d'intégrité au sein des organismes publics

Au Québec, chaque organisme public est ultimement responsable de la mise en place de leurs cadres institutionnels en matière d'intégrité. Toutefois, il y a davantage de standards contraignants spécifiquement applicables au contexte des marchés publics qu'en matière d'intégrité en général au sein des organismes publics.

Intégrer le cadre institutionnel en matière de marchés publics au cadre général d'intégrité applicable aux organismes publics

Une coordination accrue entre les cadres institutionnels en matière de marchés publics et d'intégrité dans la fonction publique pourrait permettre de renforcer les standards d'intégrité applicables au contexte spécifique des marchés publics. L'article 21.0.1 de la Loi sur les contrats des organismes publics (LCOP) exige de chaque organisme public qu'il désigne un responsable de l'application des règles contractuelles

(RARC) afin d'assurer la coordination entre les directions des contrats publics et les dirigeants d'organismes. Le mandat étendu du RARC lui permet de jouer un rôle clé afin de renforcer la conformité des processus de marchés publics avec les règles applicables. Le RARC est responsable de veiller à la conformité des activités contractuelles et de procurer l'assurance au dirigeant de l'organisme, qui est ultimement responsable, du respect de la LCOP et des autres normes relatives à la conduite des marchés publics. Il est également responsable de veiller à la mise en place de mesures au sein de l'organisme afin de voir à l'intégrité des processus internes, et de s'assurer que de la qualité du personnel qui exerce les activités contractuelles.

Ainsi, le RARC est responsable de déterminer les contrôles et procédures précises visant à assurer la conformité avec la LCOP, tout en respectant les balises générales suggérées par la *Directive concernant la gestion des contrats d'approvisionnement, de services et de travaux de construction des organismes publics* et la *Directive concernant la gestion du risque de corruption et de collusion dans les processus de gestion contractuelle*. Cette approche, où un organisme central est responsable de veiller à l'élaboration d'une approche coordonnée concernant l'intégrité dans la fonction publique, tout en favorisant un « management de proximité » concernant l'élaboration et l'application des règles par chaque organisme public est alignée avec les bonnes pratiques des pays membres de l'OCDE.

En effet, un grand nombre de pays prévoient une combinaison d'exigences normatives et d'orientations formulées par une administration centrale, avec des services spécialisés dans les ministères sectoriels pour formaliser les politiques en matière d'intégrité (graphique 1.1).

Graphique 1.1. Nombre de pays ayant développé des mécanismes pour systématiser les politiques d'intégrité dans les ministères parmi 34 pays membres ou partenaires de l'OCDE

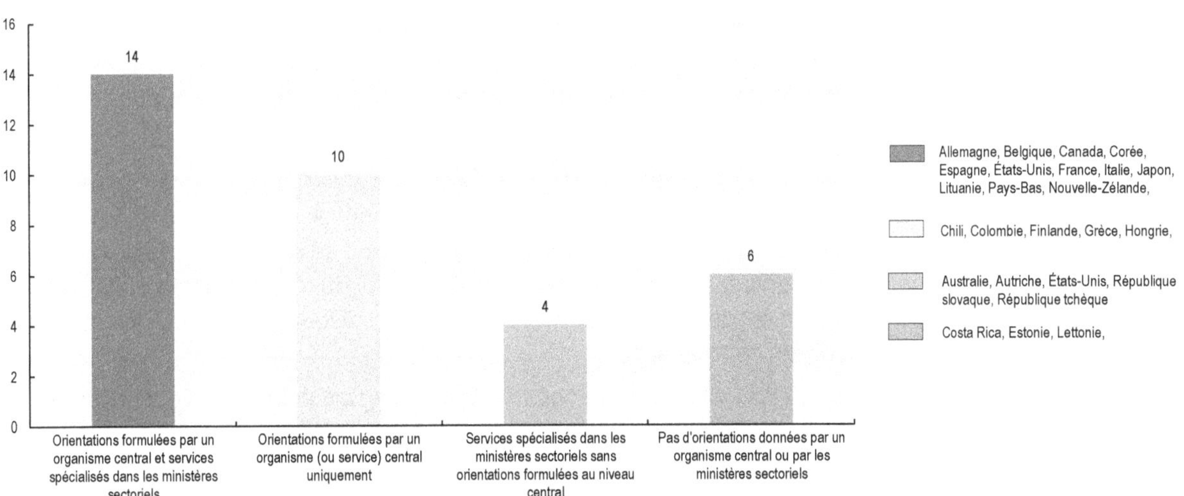

Source : OCDE (2016), Enquête sur l'intégrité dans le secteur public, OCDE, Paris.

Toutefois, la plupart des dispositifs et arrangements institutionnels visant à garantir l'intégrité dans les contrats publics dans les pays membres de l'OCDE sont intégrés d'une manière ou une autre au cadre général du gouvernement en matière d'intégrité. À ce titre, le cadre institutionnel des États-Unis se rapproche de celui du Québec et de la désignation du RARC en tant que responsable de l'intégrité dans les marchés publics (encadré 1.1). Néanmoins, une distinction importante est qu'une agence ou un département fédéral doit nommer un responsable de l'éthique dans les marchés publics, qui doit travailler étroitement avec les directeurs des approvisionnements (*Senior Procurement Executive*) et les responsables principaux des acquisitions (*Chief Acquisition Officer*). D'autres pays de l'OCDE, comme l'Allemagne, la Nouvelle-Zélande et la Norvège, délèguent les responsabilités d'assurer l'intégrité dans les marchés publics aux ressources désignées pour les questions en matière d'intégrité en général pour assurer une approche coordonnée et cohérente.

Encadré 1.1. L'intégrité des marchés publics au sein des agences gouvernementales des États-Unis

Aux États-Unis, la majorité des contrats publics fédéraux sont régis par le système fédéral de règlementation sur l'approvisionnement (« *Federal Acquisition Regulation* »), composé de toutes les lois, règles et règlementations applicables aux marchés publics du gouvernement fédéral.

Chaque agence ou département fédéral doit nommer un responsable de l'éthique (***Designated Agency Ethics Official***, DEAO) chargé de coordonner un programme d'éthique et de répondre à toute demande de conseil en matière d'intégrité de la part des hauts responsables chargés de la passation des marchés publics.

Les agences gouvernementales doivent également désigner un ***Senior Procurement Executive*** (SPE) et 16 d'entre elles[1] ont l'obligation de nommer un ***Chief Acquisition Officer*** (CAO). Tous deux sont chargés de coordonner le système de passation des marchés de l'agence et de veiller à la bonne application des lois en vigueur et des processus internes. Le CAO a notamment pour fonction de superviser le processus d'acquisition, de coordonner l'évaluation des performances des contractants, de conseiller le dirigeant de l'organisme et d'établir des orientations claires en matière de responsabilités des agents en charge de la passation des marchés, tandis que le SPE assure la gestion quotidienne du processus d'achats.

Au sein de chaque organisme fédéral, chaque domaine d'activité (« *contracting activity »)* doit également disposer d'un ***Head of Contracting Activity*** (HCA) placé sous l'autorité du SPE et du CAO et qui doit, entre autres, s'assurer de l'intégrité des marchés publics dont il est responsable et mettre en place des mesures pour traiter d'éventuels conflits d'intérêts. Il dispose notamment des pouvoirs suivants :

- Lorsqu'un fonctionnaire d'un organisme fédéral communique avec ou est contacté par une personne salariée d'une entreprise soumissionnaire (pour un contrat dépassant 250 000 USD) concernant un emploi possible pour ce fonctionnaire, celui-ci doit se disqualifier du dossier. Le HCA doit décider, après consultation du responsable en éthique, de ré-autoriser la participation de l'agent dans la passation de marché ou de prolonger sa disqualification s'il estime que l'intégrité de l'appel d'offres est menacée ;
- Les agents chargés de la passation de marchés (« contracting officers ») doivent informer le HCA s'ils estiment qu'une infraction aux règles de passation a été commise. Le HCA peut décider d'ouvrir une enquête ou de transmettre le dossier a un organisme d'enquête approprié. Dans tous les cas, il conseille l'agent sur les étapes à suivre; si le contrat n'a pas encore été adjugé, il peut par exemple conseiller d'annuler la procédure d'appel d'offres ou de disqualifier un soumissionnaire.

Notes: 1. Departments of Agriculture, Commerce, Education, Energy, Health and Human Services, Homeland security, Housing and Urban Development, the Interior, Labor State, Transportation, Treasury, Veterans Affairs, Environmental Protection Agency, National Aeronautics and Space Administration, General Services Administration (GSA).

Source: Federal Acquisition Regulation (3.104 Procurement Integrity); (U.S. Office of government Ethics, 2007[11]), *Ethics & Procurement Integrity*, https://www.oge.gov/web/oge.nsf/Education%20Resources%20for%20Ethics%20Officials/7D9F7E91B7DF89BE85257FB6003E2917/$FILE/bkprocurementintegrity_07.pdf?open.

Au Québec, il n'existe pas d'exigences relatives à la coordination du RARC avec le cadre institutionnel général applicable en matière d'intégrité dans les organismes publics. Certaines parties prenantes ont également rapporté qu'il y avait peu de coordination en pratique entre les RARC et les répondants en éthiques au niveau des organismes publics.

Au niveau des institutions centrales, la coordination gouvernementale en éthique du Secrétariat du Conseil du trésor (SCT) n'apparaît pas non plus être formellement impliquée dans la gestion de l'intégrité dans les processus de contrats publics. Par exemple, la coordination gouvernementale en éthique n'est pas impliquée dans l'application de la *Directive concernant la gestion des contrats d'approvisionnement, de services et de travaux de construction des organismes publics*, même si celle-ci traite de la gestion des conflits d'intérêts et de communications d'influence dans les contrats. De plus, la coordination gouvernementale en éthique ne semble pas avoir contribué au *Rapport d'analyse du Secrétariat du Conseil du trésor concernant les lignes internes de conduite*, qui fait état des bonnes pratiques pour la mise en œuvre de lignes de conduite en matière de gestion contractuelle, incluant la gestion des conflits d'intérêts.

Ainsi, afin de s'assurer de mettre en œuvre une approche holistique et coordonnée en matière d'intégrité dans les contrats publics qui est intégrée au cadre général d'intégrité, le SCT pourrait considérer une collaboration accrue entre les répondants à l'éthique et les RARC afin, par exemple, de guider efficacement ces derniers dans la mise en œuvre de la *Directive concernant la gestion des contrats d'approvisionnement, de services et de travaux de construction des organismes publics*, spécialement en matière de conflits d'intérêts et de communications d'influence.

Offrir un support aux municipalités et aux fonctionnaires municipaux en matière d'intégrité et de contrats publics

Le ministère des Affaires municipales et de l'Habitation (MAMH) a compétence pour l'encadrement des affaires municipales en vertu de la *Loi sur les cités et villes* et le *Code municipal*, incluant les marchés publics et les questions d'intégrité. Il n'existe pas d'approche systémique pour renforcer l'intégrité dans les marchés publics des municipalités de taille comparable, mais cela peut s'expliquer en partie par la volonté de respecter l'autonomie des élus municipaux.

Fournir un encadrement adapté aux besoins des municipalités pour renforcer l'intégrité dans les marchés publics

Le MAMH a conduit un grand nombre de réformes afin de renforcer les normes en matière d'intégrité publique dans les municipalités depuis le déclenchement des cas qui ont mené à la Commission Charbonneau, et ces réformes constituent des progrès notables. De plus, la mise en place de l'Autorité des marchés publics (AMP), avec ses pouvoirs de vérification et de surveillance, vient renforcer davantage le cadre d'intégrité dans les contrats publics. Tous les organismes sous contrôle municipal (ex. OBNL) sont maintenant assujettis aux règles d'adjudication des contrats municipaux, ce qui répond à une autre recommandation de la Commission Charbonneau.

Suite à des réformes législatives menées en 2010 et 2011, les organismes municipaux doivent maintenant adopter une politique de gestion contractuelle (PGC), la rendre accessible sur internet et la transmettre au ministère. Le MAMH assure un suivi sur l'adoption des PGC (99.3 % des organismes municipaux se sont conformés à leur obligation), mais il n'y a pas de suivi d'effectué sur leur exhaustivité et sur l'efficacité de la mise en œuvre de ces instruments.

Le MAMH a également récemment procédé à des amendements législatifs, par l'entremise du projet de loi 155, afin de rendre applicable aux organismes municipaux le régime de divulgation prévu dans la *Loi facilitant la divulgation d'actes répréhensibles à l'égard des organismes publics*.

De plus, et tel que recommandé par la Commission Charbonneau, le MAMH a mis en place un pôle d'expertise en gestion contractuelle municipale pour accompagner les municipalités dans la conduite de leurs marchés publics, mais la mise en place de ce processus est encore aux étapes préliminaires. Ce pôle d'expertise couvre certains sujets reliés à l'intégrité, notamment à l'étape de la définition des besoins et du mode d'octroi. Ce pôle d'expertise s'ajoute à deux autres pôles semblables créés au sein de la SQI (gestion contractuelle dans le secteur de la construction) et du CSPQ (gestion contractuelle dans le secteur des technologies de l'information).

D'autres juridictions ont d'ailleurs mis en place des mécanismes semblables pour consolider l'expertise technique en matière de marchés publics au sein d'une même institution responsable de fournir un support technique à d'autres institutions publiques faisant partie d'un système décentralisé. Par exemple, La Nouvelle-Zélande a consolidé l'expertise en matière de marchés publics dans le secteur de la construction à l'agence *Infrastructure New Zealand*. Les organismes publics resteront maîtres de l'organisation des marchés publics, mais pourront requérir le support nécessaire d'*Infrastructure New Zealand*. L'État de New South Wales en Australie a fait de même en Australie avec l'agence *Infrastructure NSW*, de même que la Colombie Britannique avec *Partnerships BC* et l'Écosse avec le *Scottish Futures Trust*. Toutes ces juridictions ont réalisé les bénéfices importants générés par la consolidation de l'expertise dans une entité adaptée à son mandat.

Selon le plan de travail du pôle d'expertise sur la gestion contractuelle au niveau municipal, plusieurs des besoins identifiés pouvant avoir un impact sur l'intégrité des processus dans l'ensemble du cycle des marchés publics sont liés au renforcement des capacités des municipalités. Plusieurs des actions proposées pour remédier à ces problématiques consistent à publier davantage d'informations ou de clauses d'appels d'offre types sur le site internet du MAMH, ou par l'entremise de bulletins de communication destinés aux municipalités (ex. muni-express). Bien que le partage d'informations techniques puisse s'avérer utile pour solidifier les processus de marchés publics, il est possible d'encadrer davantage les élus et fonctionnaires municipaux en leur fournissant des conseils personnalisés adaptées à des situations précises, tel que le font les organismes mentionnés ci-dessus dans le secteur de la construction.

La seule fourniture d'informations techniques aux élus ou aux fonctionnaires municipaux au moyen de publications ponctuelles peut s'avérer insuffisante pour appliquer les standards pertinents à des cas d'espèces précis et ainsi, accroître la vulnérabilité des processus à de potentiels actes de malversation, tel que l'exercice d'influence indue. Le plan d'action du pôle d'expertise concernant le suivi des contrats prévoit déjà le financement de ressources techniques pour certaines étapes spécifiques du cycle des marchés publics. De la même façon, le MAMH pourrait considérer le financement des ressources engagées par les associations municipales (la Fédération québécoise des municipalités (FQM) et l'Union des municipalités du Québec (UMQ)) afin de guider les municipalités sur une base permanente de manière à ce qu'elles évitent les écueils susceptibles de compromettre l'intégrité de l'ensemble des étapes du cycle des marchés publics. De plus, le MAMH pourrait également considérer si le format des formations actuelles répond aux besoins des responsables des marchés publics au niveau municipal, et considérer la mise en place de programmes de certification et de nouvelles formations dédiés aux élus municipaux et aux professionnels des marchés publics, tel que discuté à la section « Développer des formations adaptées aux besoins des professionnels des marchés publics afin d'en maximiser l'impact » du présent rapport pour les organismes publics du gouvernement du Québec.

Appliquer les pouvoirs de l'AMP afin d'établir le juste équilibre entre ses activités de surveillance, le renforcement des capacités et l'efficience des marchés

Considérant la nature et l'étendue des pouvoirs qui sont conférés à l'AMP, celle-ci est appelée à interagir sur une base régulière avec les organismes publics et municipaux. Son mandat de surveillance, ainsi que ses pouvoirs d'ordonnance pour les organismes publics, et de recommandation pour les organismes municipaux, jouent un rôle de premier plan dans le renforcement de l'intégrité dans la conduite de l'ensemble des marchés publics au Québec. Toutefois, compte tenu de l'expertise de pointe dont bénéficie l'AMP dans différentes sphères des marchés publics, celle-ci pourrait également jouer un rôle important dans l'accroissement de l'efficience dans les marchés publics en prévenant les irrégularités dans les processus, ainsi qu'en renforçant l'expertise technique dans les organismes publics et municipaux.

Définir les pouvoirs d'intervention de l'AMP pour faire en sorte qu'ils contribuent à renforcer l'efficience dans la conduite des marchés publics

L'entrée en fonction de l'AMP a coïncidé avec l'extension du mandat de l'Unité permanente anticorruption (UPAC) aux cas de corruption qui ne touchent plus exclusivement les contrats publics. Le partage des pouvoirs de nature administrative et criminelle entre l'AMP et l'UPAC est un développement positif qui va engendrer un accroissement des ressources et de l'expertise pour la surveillance de la gestion des contrats publics, ainsi que pour les enquêtes et poursuites sur les actes de corruption dans la fonction publique provinciale et municipale.

Néanmoins, l'accroissement des pouvoirs de surveillance de l'AMP sur les contrats publics ne se fait pas sans inquiétudes au sein des organismes publics et municipaux. Certaines parties prenantes interrogées pour les fins de ce rapport ont mentionné qu'une surveillance accrue des fonctionnaires de petites municipalités pourrait avoir pour effet d'augmenter significativement leur charge de travail en leur imposant une obligation de résultat, malgré le peu de moyens à leur disposition. D'autres parties prenantes sont inquiètes du fait que les pouvoirs étendus de l'AMP pourraient être utilisées indûment pour retarder l'octroi de marchés publics pour des erreurs mineures aux règles applicables.

Lorsqu'elle établira son plan stratégique requis par l'article 18 de la Loi sur l'Autorité des marchés publics (LAMP), l'AMP devra prévoir des moyens d'intervention adaptés aux conséquences des manquements observés par rapport à l'intérêt public. Le gouvernement du Québec peut également consulter l'AMP dans le but de renforcer ses activités de prévention et de partage des connaissances techniques, l'AMP étant bien positionnée pour apporter une perspective externe en vertu de ses pouvoirs de veille et de recommandation prévus à la LAMP.

Finalement, l'AMP pourrait développer une stratégie de communication destinée à l'ensemble des organismes publics et municipaux qui réitèrera sa volonté d'adopter une approche constructive dans l'accompagnement des organismes assujettis à ses pouvoirs de surveillance, alignée avec l'esprit même de la LAMP. En effet, la LAMP est structurée de façon à ce que les organismes publics et municipaux puissent avoir l'opportunité de se corriger eux-mêmes avant que l'AMP puisse être amenée à effectuer une intervention, sauf dans les cas où des modifications seraient apportées aux documents d'appel d'offre moins de deux jours avant l'expiration du délai pour recevoir des plaintes. Par souci de prévisibilité, la stratégie de communication de l'AMP pourrait aussi spécifier clairement lorsque les pouvoirs de modification ou d'annulation d'un marché public seront appliqués.

La définition de valeurs et de normes d'intégrité et leur application à des contextes précis

Conformément aux bonnes pratiques en vigueur dans les pays de l'OCDE, le SCT et le MAMH ont développé des normes centralisées en matière d'intégrité et de compétences techniques spécifiques aux marchés publics dans les organismes publics et municipaux. La mise en œuvre de ces normes est fortement décentralisée car chaque sous-ministre ou dirigeant d'organisme est responsable pour leur application au niveau des organismes publics, ainsi que chaque conseil municipal au niveau municipal. Afin de renforcer la reddition de compte concernant la définition et l'application de valeurs d'intégrité et de performance pour les professionnels œuvrant dans le secteur des marchés publics, le gouvernement du Québec pourrait considérer développer des mesures additionnelles de suivi et d'évaluation pour l'ensemble des organismes publics et municipaux, combinées à des formations adaptées aux contextes spécifiques.

Exercer un suivi et une évaluation des normes en matière d'intégrité dans tous les organismes publics

Pour établir des valeurs communes en matière d'intégrité dans la fonction publique, le gouvernement a adopté le *Règlement sur l'éthique et la discipline dans la fonction publique* en 2002 qui énonce les devoirs généraux des fonctionnaires en matière d'éthique. Concernant spécifiquement les marchés publics, le gouvernement requiert l'adoption de lignes de conduite dans les organismes publics par la *Directive concernant la gestion des contrats d'approvisionnement, de services et de construction des organismes publics*.

Toutefois, la mise en œuvre du règlement et de la directive est fortement décentralisée. Il appartient au dirigeant de chaque organisme public de définir les paramètres de mise en œuvre dans chaque organisme public. Cette décentralisation a engendré des résultats inégaux d'un organisme à l'autre. De plus, selon une liste disponible sur le site internet du SCT, il existe 55 organismes publics qui ne sont pas assujettis à la *Loi sur la fonction publique* et par le fait même, au règlement.

Développer des mesures de suivi et d'évaluation pour renforcer l'application de normes d'intégrité spécifiques aux marchés publics

La *Directive concernant la gestion des contrats d'approvisionnement, de services et de construction des organismes publics* fournit un cadre normatif exhaustif spécifique à la conduite des marchés publics, au même titre qu'un code de conduite. Cependant, la responsabilité d'application de ces règles est fortement décentralisée, de sorte qu'il en revient ultimement à la discrétion des organismes publics de développer et appliquer des politiques innovantes afin de renforcer l'intégrité dans leurs processus de marchés publics.

Ainsi, plusieurs organismes ont développé des mécanismes d'intégrité en réponse à la directive, qui requiert l'adoption de lignes de conduite sur plusieurs aspects reliés à l'intégrité des marchés publics, concernant notamment la gestion de conflits d'intérêts et de communications d'influence (SCT, 2016[2]).

Par exemple, certains organismes publics, conformément aux documents types développés par le SCT, requièrent la divulgation par les contractants potentiels de leurs employés qui occupaient autrefois un emploi dans un organisme public. Cette pratique a pour but de faire respecter les règles d'après-mandat applicables. Afin de formaliser davantage ce mécanisme, des travaux sont actuellement en cours pour inclure ces clauses des documents types à la réglementation sur l'éthique et la déontologie dans la fonction publique et sur les contrats publics.

Le rapport portant sur l'analyse des lignes internes de conduite des organismes publics avait également pour objectif d'identifier globalement les pistes d'amélioration et les bonnes pratiques en matière d'intégrité dans les marchés publics pour l'ensemble des organismes publics. Cependant, il ne devait pas rendre un portrait spécifique à chaque organisme public en comparant leur performance. Il n'y a donc pas de suivi et d'évaluation systématiques sur la mise en œuvre des lignes de bonne conduite.

Il existe plusieurs façons pour accroître la reddition de compte d'organismes publics pour la mise en œuvre de directives, politiques ou autres outils en matière d'intégrité dans les contrats publics dans un cadre décentralisé. D'abord, une obligation de mettre en œuvre les directives émises au niveau central peuvent être inclues dans une loi ou un texte réglementaire. De plus, afin d'assurer un suivi sur les efforts déployés par les organismes publics, la loi ou le texte réglementaire peut requérir que le dirigeant d'organisme fasse rapport sur une base annuelle sur les efforts déployés pour s'assurer d'une application effective des directives. Par exemple, le gouvernement du Canada exige, par l'entremise de la *Loi sur la protection des fonctionnaires divulgateurs d'actes répréhensibles,* que les administrateurs généraux des ministères et organismes veillent à la mise en œuvre du Code de valeurs et d'éthique du secteur public, de la Politique sur les conflits d'intérêts et l'après-mandat, de leur code de conduite organisationnel ainsi que de leur procédure interne de divulgation d'actes répréhensibles. Certains gouvernements ont également des mesures pour évaluer la mise en œuvre de politiques en matière d'intégrité (encadré 1.2). D'autres ont également adaptés des méthodologies d'audit pour évaluer la mise en œuvre de différentes politiques en matière d'intégrité dans les organismes publics, tel que l'Autriche, le Costa Rica, les Pays-Bas et le Royaume-Uni (EUROSAI, 2017[3]).

Encadré 1.2. La diffusion de normes d'intégrité dans l'ensemble de la fonction publique aux Pays-Bas

Aux Pays-Bas, le Ministère de l'Intérieur est en charge de la mise en œuvre de normes d'intégrité dans l'ensemble de l'administration publique. Le ministère est soutenu dans cette mission par le National Integrity Office (*Bureau Integriteitsbevordering Openbare Sector*, BIOS), qui opère comme un centre de connaissances et d'expertise et soutient les organismes publics dans la mise en œuvre de politiques d'intégrité.

En collaboration avec le BIOS et plusieurs organisations du secteur public (Association de Gouvernements Locaux, Union des autorités publiques dans le domaine de l'eau, Association des organismes provinciaux), le Ministère de l'Intérieur a lancé une initiative permettant d'évaluer la mise en œuvre des normes d'intégrité dans la fonction publique, intitulée « Integrity Monitor ». Les principaux objectifs de cet observatoire sont :

- D'informer le Parlement sur le bilan des politiques d'intégrité de l'administration néerlandaise ainsi que sur les actions prises par le Ministère de l'Intérieur sur les résultats rapportés ;
- D'engager l'ensemble des administrations publiques décentralisées à se conformer à la règlementation établie en matière d'intégrité et sensibiliser aux questions d'éthique.

Le premier « moniteur » lancé en 2004 a permis d'évaluer la mise en œuvre des politiques d'intégrité parmi les quatre niveaux de l'administration publique, et mis en évidence un manque de mise en œuvre des dites politiques.

Depuis 2006, des enquêtes de perception sur l'intégrité sont régulièrement inclues dans les évaluations, ce qui a permis l'élaboration d'un processus intégré de suivi en 2012, qui comprenait une « checklist » de politiques d'intégrité, un inventaire du nombre de procédures disciplinaires ainsi qu'une enquête sur la perception des politiques d'intégrité et sur la culture d'intégrité. Une enquête sur la perception des titulaires de mandats politiques a pour la première fois été inclue en 2012.

Pour renforcer l'efficacité des politiques, une attention particulière a été donnée à l'intégrité, l'agression et la violence en 2016. En particulier, elle visait des groupes clés comme les titulaires d'un mandat public, les secrétaires-généraux, les directeurs et les fonctionnaires du gouvernement central, les provinces, municipalités et les autorités publiques dans le domaine de l'eau. Les résultats obtenus ont permis d'identifier les priorités en matière de lutte anti-corruption et les éléments clés d'une politique d'intégrité efficace comme l'engagement au plus haut niveau d'une organisation et le leadership par l'exemple.

Source: Présentation par Mme Marja van der Werf à la réunion des Hauts responsables de l'intégrité publique (SPIO) de l'OCDE (4 Novembre 2016, Paris).

Ainsi, le gouvernement du Québec pourrait déléguer au SCT le pouvoir d'exercer un suivi et d'évaluer les mesures mises en œuvre pour appliquer les politiques développées par le SCT en matière d'intégrité dans les marchés publics, ainsi que leur adaptation au contexte particulier aux organismes publics. Afin d'assurer une plus grande cohérence dans l'ensemble du secteur public, ce pouvoir de suivi et d'évaluation pourrait s'appliquer à l'ensemble des organismes publics, incluant ceux qui ne sont pas réglementés par la *Loi sur la fonction publique*.

Ce mécanisme de suivi par le SCT pourrait également s'apparenter à l'évaluation faite présentement par le SCT et l'UPAC des plans de gestion de risque développés par les organismes publics en vertu de la *Directive concernant la gestion des risques en matière de corruption et de collusion dans les processus de gestion contractuelle*. En effet, contrairement à la *Directive concernant la gestion des contrats d'approvisionnement, de services et de travaux de construction des organismes publics*, l'obligation de développer des plans de gestion des risques et les mécanismes d'accompagnement prévus la Directive concernant la gestion des risques font en sorte que les organismes publics doivent rendre des comptes sur sa mise en œuvre sur une base périodique.

Développer des formations adaptées aux besoins des professionnels des marchés publics afin d'en maximiser l'impact

Les formations pertinentes à l'intégrité dans les marchés publics au sein des organismes publics sont principalement normatives et conduites par le SCT et l'UPAC. Selon l'information recueillie auprès des parties prenantes, les formations en matière d'intégrité mettent l'emphase sur les hauts fonctionnaires ou les directeurs de services, plutôt que sur les professionnels des marchés publics. Le gouvernement du Québec pourrait considérer développer des formations qui vont au-delà des aspects normatifs et qui sont davantage axées sur les besoins pratiques des professionnels. Conformément aux bonnes pratiques adoptées dans les pays membres de l'OCDE, ces formations peuvent également avoir pour objectif de valoriser le rôle et les fonctions des professionnels des marchés publics.

Adapter les activités formations selon la rétroaction des employés et les évaluations d'impact, et s'assurer qu'elles soient disponibles à l'ensemble des professionnels des marchés publics

Le SCT porte une attention particulière aux RARC, aux cadres supérieurs et intermédiaires, ainsi qu'aux secrétaires de comité de sélection des organismes publics pour les formations en matière d'intégrité. Par exemple, les cadres reçoivent une formation sur l'éthique dans le cadre du Programme gouvernemental d'apprentissage du gestionnaire-leader (PGAGL). Du côté des RARC et des Secrétaires de comité de sélection, des forums de discussion abordant différent aspects de la gestion contractuelle, dont les enjeux d'intégrité et de conflits d'intérêts dans les contrats, sont donnés sur une base annuelle. Lors de ces rencontres, les RARC sont également invités à sensibiliser les employés de leur organisation impliqués dans la gestion contractuelle aux questions d'intégrité et de conflits d'intérêts. Finalement, les Secrétaires de comité de sélection doivent obligatoirement réussir un examen portant spécifiquement sur les connaissances requises afin d'exercer cette fonction stratégique. Cet examen est administré par le SCT, qui dispense également des séances de formation préalablement à l'examen.

Les formations destinées aux professionnels des marchés publics sont données sous forme de cours ou de conférence, et dans une moindre mesure sous forme de webinaire. Le SCT favorise les formations visant l'ensemble des gestionnaires et employés des marchés publics et dispensées en présentiel afin de favoriser les échanges et les discussions de cas pratiques pour favoriser l'apprentissage. Selon les statistiques comptabilisées par le SCT, les webinaires sont surtout utilisés afin de diffuser rapidement des informations techniques ou administratives, tel que le remplissage d'un formulaire ou de formalités administratives, où pour joindre des professionnels étant postés à distance des centres urbains.

Toutefois, selon les perceptions des parties prenantes rencontrées pour les fins de ce rapport, la majorité des formations accessibles aux professionnels des marchés publics se donnent sous forme de webinaires, et que ceux-ci ne sont pas adaptés à la discussion des aspects pratiques de l'application des règles. D'autres intervenants ont ajouté que les formations s'adressaient davantage aux gestionnaires plutôt qu'aux employés responsables des marchés publics. Il semble donc exister un écart entre la disponibilité de formations en personne sur les marchés publics et les perceptions sur la disponibilité de ces formations par les professionnels. Ainsi, le gouvernement du Québec pourrait prendre des mesures pour s'assurer de la diffusion de ces formations à l'ensemble des professionnels dans chaque organisme public. La recommandation ne vise pas à réduire le nombre de formations aux gestionnaires, puisque ceux-ci sont un acteur clé dans la diffusion de valeurs communes et de connaissances techniques dans le secteur public, particulièrement dans les environnements décentralisés. La recommandation vise principalement à s'assurer que les formations soient disponibles et adaptées à chaque tranche de professionnels des marchés publics dans la fonction publique québécoise.

Le gouvernement du Québec pourrait également s'assurer de recueillir des commentaires sur le contenu des formations ainsi que des statistiques sur le nombre et l'identité des participants. L'ensemble de ces données pourraient permettre de déterminer si les formations atteignent l'ensemble des professionnels des marchés publics et répondent bien à leurs besoins. Finalement, afin de complémenter les formations traditionnelles, le gouvernement du Québec pourrait mettre en œuvre des programmes de mentorat, de jumelage ou de rotation temporaire entre différents organismes publics pour stimuler l'apprentissage d'autres perspectives et favoriser la diffusion de bonnes pratiques.

Coordonner les différents pôles d'expertise technique pour maximiser la pertinence des activités formations sur l'intégrité dans les marchés publics

De par la nature de son mandat et de ses fonctions en matière de surveillance et de contrôle, l'AMP sera dans une position stratégique pour prendre la mesure des besoins en matière de renforcement des connaissances techniques, à la fois dans les organismes publics et municipaux. Une utilisation optimale des pouvoirs de veille et de recommandation de l'AMP concernant les formations permettrait d'intégrer des considérations et des cas pratiques vécus par l'organisation lors de ses interventions afin de compléter le contenu normatif plus traditionnel (encadré 1.3). Comme l'un des objectifs derrière la création de l'AMP était de regrouper des professionnels bénéficiant d'une expertise hautement qualifiée et variée par rapport à différents aspects des marchés publics, cette organisation serait bien positionnée pour juger de la pertinence et de l'efficacité de la formation dispensée aux fonctionnaires en matière de contrats publics.

Encadré 1.3. Formation à l'intégrité des agents de contrats publics en Allemagne

L'Allemagne a mis en place une formation systématique en intégrité pour les agents en charge de la passation des marchés publics.

Depuis 2001, la participation à un atelier de prévention de la corruption est obligatoire pour les nouveaux employés de l'Agence fédérale des marchés publics, organisme gouvernemental qui gère les achats publics pour 26 autorités fédérales, fondations et instituts de recherche relevant de la responsabilité du ministre fédéral de l'Intérieur. La formation porte sur les risques liés à l'implication dans la corruption, les stratégies connues des corrupteurs et le comportement à adopter lorsque ces situations se produisent, par exemple en encourageant le personnel à les signaler (« lanceur d'alerte »). En 2005, le groupe ciblé pour cette formation a été élargi pour inclure non seulement une session d'initiation mais aussi la formation continue pour l'ensemble du personnel. Depuis, 6 à 7 ateliers sont organisés chaque année, formant environ 70 employés par an, nouveaux ou déjà en poste.

Cette formation vient s'ajouter à d'autres mesures clés mises en place par l'Agence des marchés publics pour promouvoir l'intégrité au sein de son personnel, dont le soutien et les conseils d'un agent de prévention de la corruption (« référent pour la prévention de la corruption ») et la rotation des membres du personnel. Cette dernière mesure, qui requiert une rotation des employés après une période de cinq à huit ans a pour but d'éviter tout contact prolongé avec les fournisseurs, d'améliorer la motivation et de rendre le travail plus attrayant. Toutefois, si des agents ne peuvent pas changer de poste, leurs connaissances et leur niveau élevé de spécialisation étant indispensables aux travaux de leur unité, des mesures alternatives telles que le contrôle intensifié (surveillance) sont prises.

Source: Federal Procurement Agency of the Ministry of the Interior, Germany, http://www.bescha.bund.de/DE/Startseite/home_node.html.

En vertu de ses pouvoirs de veille et de recommandation, l'AMP pourrait évaluer les activités de formation conduites par le gouvernement et les associations municipales (Fédération québécoise des municipalités, Union des municipalités du Québec), notamment par l'entremise des pôles d'expertise nouvellement créés au sein du CSPQ, de la SQI et du MAMH, et faire des recommandations au gouvernement du Québec et aux municipalités sur la bonification de la formation au besoin. Les conseils de l'AMP en matière de formation technique permettraient possiblement d'assurer une certaine cohérence entre l'information dispensée par l'entremise de formations aux niveaux provincial et municipal.

Valoriser la profession de spécialiste en marchés publics

Finalement, l'information recueillie auprès des parties prenantes révèle que les directions des contrats publics des organismes publics sont sujettes à des pertes d'expertise dues au haut taux de roulement des professionnels des marchés publics. Ces professionnels doivent s'adapter à des changements de règles et de processus fréquents, à d'importantes charges de travail et à des attentes élevées de leurs clients compte tenu des courts délais à respecter pour conduire les processus de marchés publics. Selon les discussions tenues avec les parties prenantes, l'importance du rôle des professionnels des marchés publics n'est pas toujours bien comprise et mise en valeur au sein de la fonction publique québécoise.

En réponse aux préoccupations exprimées sur le haut taux de roulement des spécialistes des marchés publics au profit, par exemple de l'inspection et de l'audit, le gouvernement du Québec pourrait considérer la pertinence de développer et de mettre en place un programme de certification pour les professionnels des marchés publics. Le SCT administre déjà un programme similaire destiné aux Secrétaire de comité de sélection, duquel pourrait être dérivé de bonnes pratiques pour la formation et l'examen des connaissances et habiletés des spécialistes des marchés publics. Un programme de certification peut contribuer à revaloriser le rôle des professionnels des marchés publics, planifier la relève afin de compenser le taux de roulement de personnel, et mieux outiller les professionnels à faire face aux exigences élevés de la profession (encadré 1.4).

Encadré 1.4. Mise en place de mécanismes de certification de compétences ou de stratégies visant à valoriser la profession des agents de contrats publics

Canada

Le Bureau de la gestion des collectivités des acquisitions, de la gestion du matériel et des biens immobiliers du Secteur des services acquis des actifs (BGC-SSAA) coordonne un programme de certification du gouvernement fédéral visant les fonctionnaires fédéraux spécialistes des acquisitions et de la gestion du matériel. Lancée en 2006, cette certification reconnue nationalement et internationalement vise à une meilleure reconnaissance de la profession et des compétences communes dans la gestion du cycle de vie des actifs, de l'évaluation et la planification des besoins tout au long de l'acquisition jusqu'à leur élimination. Il est possible d'obtenir une certification à titre de spécialiste fédéral certifié en acquisitions (niveaux 1 et 2) ou une certification de spécialiste fédéral certifié en gestion de matériel (niveau 1).

États-Unis

Aux États-Unis, l'association professionnelle des acheteurs et directeurs des achats (*American Purchasing Society*, APS) a été la première organisation du pays à élaborer des programmes de certification nationalement reconnus pour les acheteurs et les professionnels en charge des acquisitions. APS offre 3 programmes de certification (*Certified Professional Purchasing programs*) destinés respectivement aux professionnels, aux managers et aux consultants exerçant une fonction de conseil ou d'enseignement dans le domaine des marchés publics en dehors de leur emploi principal.

Royaume-Uni

Au Royaume-Uni, le *Government Procurement Service* (GPS) a élaboré une stratégie pour former les fonctionnaires chargés des achats au sein du gouvernement (« *Build the Procurement Profession in Government* »). GPS ne délivre pas de certification pour les agents de contrats publics, mais souhaite construire une « communauté » d'agents de contrats publics caractérisée par des compétences clés qui incluent : une compréhension des moteurs du commerce comme le profit, les marges, l'actionnariat, les modèles de coûts, les coûts d'acquisitions et l'analyse des coûts sur la durée, en plus de la connaissance du droit des contrats.

Sources : Gouvernement du Canada, Programme de certification de la collectivité des acquisitions et de la gestion du matériel du gouvernement fédéral, http://www.tpsgc-pwgsc.gc.ca/ongc-cgsb/certification/index-fra.html (consulté le 30 juillet 2018).
American Purchasing Society, *www.american-purchasing.com* (consulté le 30 juillet 2018).
Government Procurement Service (2009), "Building the Procurement Profession in Government",
http://webarchive.nationalarchives.gov.uk/20101008013828/http://www.ogc.gov.uk/documents/GPS_Strategy.pdf
(consulté le 30 juillet 2018).

Une gestion des risques et des contrôles optimaux pour renforcer la prévention et la reddition de comptes

Maximiser le rendement d'un cadre de gestion du risque pour l'ensemble des organismes publics

Le gouvernement du Québec a entrepris des efforts significatifs depuis 2016 afin de développer et mettre en œuvre une culture de gestion des risques pour la conduite des marchés publics dans un grand nombre d'organismes publics et municipaux. Ces efforts tiennent compte notamment des recommandations du Vérificateur général du Québec (VGQ) et du Commissaire à la lutte contre la corruption afin d'imposer des plans de gestion du risque de corruption et collusion dans tous les processus contractuels des organismes publics (Commissaire à la lutte contre la corruption, 2017[4]; VGQ, 2016[5]).

Utiliser l'information générée par le cadre de gestion du risque de manière optimale pour la gestion contractuelle

Les organismes publics assujettis à la LCOP sont tenus, en vertu de la *Directive concernant la gestion des risques en matière de corruption et de collusion dans le processus de gestion contractuelle*, d'adopter un plan de gestion des risques dans le but de renforcer l'intégrité de leur processus contractuels. L'UPAC a développé un outil robuste et efficace pour guider les organismes publics dans l'analyse et le développement de réponses adéquates au risque de corruption, à savoir le *Guide d'élaboration d'un modèle de cadre organisationnel de gestion des risques de corruption et de collusion dans les processus de gestion contractuelle* (le Guide). L'UPAC a également développé une boîte à outils pour faciliter la mise en œuvre de la Directive qui comprend 45 risques types dans la gestion des contrats publics. La démarche de gestion de risque de l'UPAC est inspirée des normes ISO 31000, ISO 37001, ainsi que des normes internationales pour la pratique professionnelle de l'audit interne (IIA).

L'UPAC effectue également plusieurs séances d'accompagnement et de de partage des connaissances dans les organismes publics pour le développement de leur plan de gestion du risque, et le retour d'expérience des parties prenantes a été positif. Le développement des plans de gestion du risque des organismes publics plus vulnérables au risque de corruption ont été priorisés, ce qui est conforme aux bonnes pratiques.

Afin d'en maximiser l'utilité et le potentiel de sensibilisation, l'UPAC et le SCT pourraient également guider les organismes publics afin qu'ils définissent précisément comment l'information générée en continu par les plans de gestion de risques sera utilisée, au-delà du renforcement des contrôles internes en place. En effet, le développement d'un plan de gestion du risque ne doit pas être une fin en soi ; l'information générée doit être utilisée de façon stratégique. Par exemple, cette information pourrait être utilisée pour mettre à jour et bonifier les formations données aux fonctionnaires en matière d'intégrité, et pour développer ou mieux cibler les campagnes de sensibilisation données dans les organismes publics.

Atténuer le risque de corruption ou de dérives éthiques au niveau des municipalités

L'UPAC offre des services-conseils aux municipalités et aux municipalités régionales de comté (MRC) du Québec afin d'aider leurs dirigeants à évaluer les risques liés à la corruption et la collusion. Le mandat de l'UPAC envers les municipalités est issu de l'article 3 de la Loi concernant la lutte contre la corruption (LCLCC), qui inclut toutes les municipalités dans la définition de secteur public. Comme pour les organismes publics, les services proposés par l'UPAC aux organismes municipaux reposent essentiellement sur le *Guide d'élaboration d'un modèle de cadre organisationnel de gestion des risques de corruption et de collusion dans les processus de gestion contractuelle,* la *trousse d'outils du plan de gestion de risque en matière de corruption et de collusion dans les processus de gestion contractuelle,* et les formations données par l'UPAC.

Accompagner le développement et la mise en œuvre de plans de gestion du risque dans les marchés publics dans les municipalités ou les MRC

L'adoption d'un plan de gestion des risques par les municipalités n'est pas obligatoire, car celles-ci ne sont pas assujetties à la *Directive concernant la gestion des risques en matière de corruption et de collusion dans le processus de gestion contractuelle*. La méthodologie est toutefois proposée par l'UPAC à l'ensemble des municipalités et des MRC du Québec, et elle est adaptable à la taille et au contexte propre à chaque municipalité. La méthodologie a également fait l'objet de projets-pilotes conduits auprès de la Régie de l'assurance maladie du Québec (RAMQ), du MTQ et de la Ville de Sorel-Tracy.

Même si le MAMH a fait état d'un intérêt croissant des municipalités dans le renforcement de leur gestion du risque de corruption dans les contrats publics, les interventions de l'UPAC ont permis de révéler que les bonnes pratiques internationales de gestion du risque et de contrôle interne (par exemple, les bonnes pratiques du l'Institut des auditeurs internes, ou IIA) ne font pas partie de la culture des municipalités. Ni le MAMH, ni la Commission municipale du Québec (CMQ) et ni l'AMP ne planifient fournir d'accompagnement en matière de gestion du risque de corruption, de fraude ou de collusion. Finalement, les organismes publics interrogés se sont montrés très satisfaits des services de support pour développer leur plan de de gestion du risque reçus de l'UPAC jusqu'à maintenant.

Lorsque l'essentiel du travail pour le développement et la mise en œuvre des premiers plans de gestion du risque sera accompli pour les organismes publics, le gouvernement du Québec pourrait requérir expressément que l'UPAC accompagne le développement et la mise en œuvre de tels plans dans les municipalités ou les MRC au-delà d'une certaine taille, ou qui représentent un risque particulier en matière de corruption et de collusion. L'accompagnement des municipalités par une agence anti-corruption au niveau d'un gouvernement central a déjà été expérimenté dans certains pays de l'OCDE, incluant la Lituanie, où de bons résultats ont été obtenus (encadré 1.5).

Encadré 1.5. L'accompagnement des municipalités en matière de risque de corruption par le Service Spécial d'Investigation en Lituanie

En Lituanie, chaque entité régionale ou municipalité est tenue d'élaborer une stratégie exhaustive de gestion des risques, qui doit être validée par le Service spécial d'enquêtes (*Special Investigation Service*, SIS). Le SIS procède à l'examen de chacune des stratégies, notamment l'évaluation des risques, et peut effectuer des recommandations ou une analyse plus poussée si une institution est vulnérable au risque de corruption selon certains paramètres prédéterminés. L'examen donne lieu à un rapport d'analyses et de recommandations que les institutions examinées doivent prendre en compte dans un délai de six mois.

Chaque année, le SIS procède à une analyse des risques dans environ 16 institutions étatiques ou municipales. L'une des priorités pour le SIS dans les années à venir est le développement de formations et d'orientations afin de renforcer les capacités des entités publiques et des municipalités dans l'élaboration et la mise en œuvre de stratégies de gestion des risques de corruption.

Source : OCDE (non publié), *Rapport d'Accession de la Lituanie à l'OCDE.*

Une fonction de vérification interne robuste et indépendante pour contribuer à l'intégrité des marchés publics

Les marchés publics sont un secteur particulièrement vulnérable au risque de corruption et de collusion. La mise en place d'une fonction d'audit interne robuste et indépendante devrait figurer au premier plan de toute stratégie de gestion du risque et de contrôle interne afin de prévenir et détecter la corruption et la collusion dans les marchés publics.

Assurer un niveau d'expertise et d'indépendance adéquat pour la fonction d'audit interne dans l'ensemble des organismes publics

Au printemps 2016, le VGQ a publié une étude qui dresse un portrait de la vérification interne au sein du gouvernement du Québec qui indique qu'il existe un écart important entre plusieurs organismes publics concernant l'état d'avancement des dispositifs institutionnels en matière de vérification interne. Effectivement, il n'existe pas d'approche systémique en matière d'audit interne dans la fonction publique québécoise. La *Loi sur l'administration publique* reconnaît à chaque sous-ministre et dirigeant d'organisme le rôle d'exercer les contrôles relatifs à la gestion par résultats.

Des mécanismes ont bien été établis afin de renforcer la surveillance des marchés. Le MTQ a par exemple mis en place une Direction de l'assurance qualité en gestion contractuelle, qui a notamment pour fonctions l'analyse des documents contractuels avant l'octroi des contrats, et dans certains cas a posteriori afin de vérifier divers mécanismes de contrôle prévus dans les directives et procédures du ministère.

Afin d'améliorer la coordination et le partage des connaissances entre les équipes d'auditeurs internes, le gouvernement du Québec a développé un le *Guide de vérification du processus de gestion contractuelle* (2014) et le Forum des responsables de la vérification interne (FRVI), qui regroupe les responsables de l'audit interne qui travaillent au sein de l'administration publique québécoise. Le Guide de vérification propose différentes démarches inspirées de la norme ISO 31 000 et des normes internationales IIA afin de procéder à des vérifications internes concernant les processus de gestion contractuelle, incluant des méthodologies pour procéder à la planification des audits internes. Cependant, ces initiatives à elles-seules n'ont pas été suffisantes pour assurer un certain niveau d'expertise et de cohérence entre les systèmes de contrôle d'un organisme public à l'autre (VGQ, 2016[6]).

Une autre problématique est reliée à l'indépendance de l'audit interne dans les ministères, où plus de 50 % des membres des comités d'audit interne provenaient de l'intérieur de l'organisme public, ce qui comporte des risques quant à l'objectivité des audits. Finalement, le rapport du VGQ conclut que plusieurs des unités d'audit interne ont une connaissance insuffisante des risques et des contrôles à l'extérieur de leur propre ministère (VGQ, 2016[6]).

À l'inverse, les entités assujetties à la *Loi sur la gouvernance des sociétés d'État* ont mis en place plusieurs bonnes pratiques en matière de vérification interne. Ainsi, le gouvernement pourrait s'inspirer des moyens prévus à cette loi pour renforcer les exigences applicables aux autres organismes publics. Cela inclut notamment de considérer l'établissement d'un comité de vérification avec des membres indépendants et dotés de compétences adéquates pour chaque organisme public. Ce comité serait responsable, entres autres, d'approuver le plan annuel de vérification interne, de veiller à ce que des mécanismes de contrôle interne soient mis en place et de s'assurer qu'ils soient adéquats et efficaces, et de s'assurer qu'un processus de gestion des risques est mis en place. La *Loi sur la gouvernance des sociétés d'État* demande également au comité de vérification d'aviser le conseil d'administration (le ministre ou le dirigeant d'organisme dans le cas d'un organisme public qui n'a pas de conseil d'administration) par écrit s'il relève des opérations ou des pratiques de gestion qui ne sont pas saines ou qui ne sont pas conformes aux lois, aux règlements ou aux politiques de l'organisme public (VGQ, 2016[6]).

Pour assurer une certaine cohérence dans la mise en œuvre de bonnes pratiques de vérification interne à travers l'ensemble de la fonction publique, le gouvernement du Québec, par l'entremise du SCT ou d'un autre organisme, pourrait imposer des normes et des standards en matière de vérification interne qui pourraient prévoir certaines des mesures prévues à la *Loi sur la gouvernance des sociétés d'État*. Ces lignes directrices pourraient prévoir l'établissement d'un comité d'audit avec des membres indépendants qui s'assurerait de la supervision et de la qualité des activités d'audit interne conduites par la direction des audits dans les organismes publics. Les normes et standards pourraient également prévoir des activités de renforcement des capacités administrées par le SCT pour l'ensemble des organismes publics afin d'assurer un niveau adéquat de compétences. De plus, le SCT pourrait se voir déléguer le pouvoir d'émettre des recommandations aux organismes publics pour renforcer leurs capacités d'audit interne, incluant des évaluations de performance. Finalement, ces normes et standards pourraient être enchâssés dans une loi ou une directive pour leur donner un caractère obligatoire.

Adopter une approche proactive et équilibrée pour la gestion des activités de surveillance des marchés publics par des organismes externes

Plusieurs organismes externes disposent de pouvoirs de surveillance étendus concernant la conduite des marchés publics au Québec. Dans certains cas, ces organismes disposent de pouvoirs complémentaires en matière de prévention et d'inspection ou d'enquête. Certains organismes de surveillance coordonnent ainsi leurs activités afin d'accroître leur effectivité et d'éviter les surcharges de travail.

Une des forces du régime Québécois de lutte contre la corruption dans la conduite des marchés publics est la délégation de pouvoirs de surveillance étendus à plusieurs organismes, dont certains ne se rapportent pas directement au pouvoir exécutif. Leur mandat est de surveiller l'application de différents cadres réglementaires en matière de gestion des contrats publics (tableau 1.2).

Tableau 1.2. Principaux acteurs de la surveillance des marchés publics au Québec

	Principales responsabilités en matière d'encadrement des contrats publics
Autorités des marchés publics	• Procède à des vérifications sur un processus contractuel à la suite d'une plainte ou de sa propre initiative • Effectue des enquêtes administratives sur la gestion contractuelle d'organismes publics
Commissaire à la lutte contre la corruption	• Examiner les dénonciations et coordonne les enquêtes en matière de collusion et de corruption aux niveaux provincial et municipal • Formule des recommandations et assure une mission de prévention/éducation en matière de lutte contre la corruption
Vérificateur général	• Effectue des vérifications et des enquêtes administratives se rapportant à la gestion des fonds publics par les organismes publics
Commission municipale du Québec	• Effectue des enquêtes publiques sur l'administration financière d'une municipalité • Joue le rôle de médiateur et d'arbitre dans les conflits municipaux
Inspecteur général de la ville de Montréal	• Surveille le processus de passation des contrats de la Ville de Montréal • Procède à des vérifications et des enquêtes sur les contrats de la Ville de Montréal et les personnes morales liées
Secrétariat du Conseil du trésor	• Veille à la bonne administration des marchés publics au niveau des organismes publics • Procède à des vérifications en complémentarité avec son rôle normatif (amélioration continue des processus contractuels) • Formations sur le cadre normatif
Ministère des Affaires municipales et de l'Habitation	• Veille à la bonne administration des marchés publics au niveau municipal • Procède à des vérifications concernant la gestion contractuelle notamment à la suite d'une plainte

Source : Réponse du gouvernement du Québec au questionnaire de l'OCDE, 2018

Formaliser le partage d'informations favorisant la planification des activités de surveillance et d'enquêtes entre les organismes de surveillance

Suite à la mise en place de l'AMP et aux réformes engendrées par le projet de loi 155 concernant la vérification indépendante dans les municipalités, il existe maintenant un grand nombre d'acteurs différents qui sont responsables de la vérification externe des organismes publics et municipaux sur les plans de la conformité et de l'optimisation des ressources. Une coordination efficace peut leur permettre de s'acquitter de leur mandat de surveillance plus efficacement, ce qui est non-négligeable en considérant que pour l'ensemble des organismes publics et municipaux, il y avait plus de 30 000 contrats publics en 2016-2017, pour une valeur de plus de 16 milliards USD.

La LAMP prévoit que l'AMP puisse partager des renseignements portés à sa connaissance avec l'Inspecteur général de la ville de Montréal, le Protecteur du citoyen, le Commissaire à la lutte contre la corruption, le SCT et le MAMH, selon la nature de l'information. Selon l'article 71 de la LAMP, ces institutions devront signer une entente spécialement à cet effet. De plus, plusieurs parties prenantes ont également indiqué lors des entrevues qu'elles transmettraient immédiatement toute information pertinente au mandat d'une autre institution de surveillance qui viendrait à leur connaissance pour fins d'analyse.

Toutefois, il pourrait être souhaitable de formaliser non seulement le partage d'informations *a posteriori*, mais également de coordonner les activités de surveillance en amont pour une plus grande efficacité. En effet, bien que le partage d'informations *a posteriori* est essentiel afin de pouvoir réagir à des irrégularités ou des actes de corruption dans la conduite des marchés publics, il est essentiel de coordonner la programmation des activités de surveillance en amont afin d'éviter les dédoublements et s'assurer que les principaux secteurs à risque soient l'objet d'un niveau approprié de contrôles.

Ainsi, dans le but d'adopter une approche coordonnée et proactive, le SCT et les organes d'audit interne des organismes publics pourraient considérer coordonner, dans une certaine mesure, la programmation de leurs activités de surveillance afin d'éviter les chevauchements et de renforcer, autant que possible, leur cohérence et leur efficacité. Les organismes de surveillance prévus à l'article 71 de la LAMP pourraient également s'assurer que l'échange de renseignements en vertu de la LAMP puisse se faire à double sens entre l'AMP d'une part; et l'UPAC, le Bureau de l'Inspecteur général de la ville de Montréal (BIG), le Protecteur du citoyen, le SCT et le MAMH d'autre part. La loi québécoise pourrait également prévoir une entente afin de formaliser le partage d'informations et éviter les chevauchements en lien avec les activités de surveillance au niveau municipal, par exemple entre le MAMH, les vérificateurs des municipalités, la CMQ, l'UPAC et l'AMP.

Finalement, l'information recueillie pour les fins de ce rapport a permis d'apprendre que le VGQ et les organismes de surveillance gouvernementaux coordonneront les aspects de leur mandat qui peuvent également se chevaucher. Ainsi, le gouvernement du Québec, en partenariat avec le VGQ, pourrait explorer la possibilité de formaliser leur collaboration en s'inspirant notamment du comité de coordination du Système national d'audit du Mexique, qui est responsable de la coordination des activités de surveillance des institutions d'audit externe et interne au niveau fédéral, étatique et municipal, malgré l'autonomie de ces institutions en vertu de la Constitution mexicaine.

Plan d'action

Un cadre institutionnel intégré

- Intégrer le cadre institutionnel en matière de marchés publics au cadre général d'intégrité applicable aux organismes publics
- Fournir un encadrement adapté aux besoins des municipalités pour renforcer l'intégrité dans les marchés publics
- Définir les pouvoirs d'intervention de l'AMP pour faire en sorte qu'ils contribuent à renforcer l'efficience dans la conduite des marchés publics

La définition de valeurs communes

- Développer des mesures de suivi et d'évaluation pour renforcer l'application de normes d'intégrité spécifiques aux marchés publics
- Adapter les activités formations selon la rétroaction des employés et les évaluations d'impact, et s'assurer qu'elles soient disponibles à l'ensemble des professionnels des marchés publics
- Coordonner les différents pôles d'expertise technique pour maximiser la pertinence des activités formations sur l'intégrité dans les marchés publics
- Valoriser la profession de spécialiste en marchés publics

Une gestion des risques et des contrôles optimaux

- Utiliser l'information générée par le cadre de gestion du risque de manière optimale pour la gestion contractuelle
- Accompagner le développement et la mise en œuvre de plans de gestion du risque dans les marchés publics dans les municipalités ou les MRC
- Assurer un niveau d'expertise et d'indépendance adéquat pour la fonction d'audit interne dans l'ensemble des organismes publics
- Formaliser le partage d'informations favorisant la planification des activités de surveillance et d'enquêtes entre les organismes de surveillance

Références

Commissaire à la lutte contre la corruption (2017), *Guide d'élaboration d'un modèle de cadre organisationnel de gestion des risques en matière de corruption et de collusion dans les processus contractuelle*. [4]

EUROSAI (2017), *Guideline for Audit of Ethics in Public Sector Organisations*, https://www.sayistay.gov.tr/en/Upload/files/Ethics/Guidelines%20to%20audit%20ethics.pdf. [3]

SCT (2016), *Rapport d'analyse du Secrétariat du Conseil du trésor concernant les lignes internes de conduite*, Gouvernement du Québec, http://numerique.banq.qc.ca/patrimoine/details/52327/3195764. [2]

U.S. Office of government Ethics (2007), *Ethics & Procurement Integrity*, https://www.oge.gov/web/oge.nsf/Education%20Resources%20for%20Ethics%20Officials/7D9F7E91B7DF89BE85257FB6003E2917/. [1]

VGQ (2016), *Contrats d'achats regroupés en technologies de l'information*, Rapport du Vérificateur général du Québec, https://www.vgq.qc.ca/Fichiers/Publications/rapport-annuel/2016-2017-VOR-Printemps/fr_Rapport2016-2017-VOR-Chap02.pdf. [5]

VGQ (2016), *Portrait de la vérification interne au gouvernement du Québec*, Rapport du Vérificateur général du Québec, http://vgq.qc.ca/fr/fr_publications/fr_rapport-annuel/fr_2016-2017-VOR-Printemps/fr_Rapport2016-2017-VOR-Chap08.pdf. [6]

2 Une définition stratégique des besoins des acteurs publics au Québec

En premier lieu, ce chapitre analysera les moyens mis en place pour dépolitiser la programmation des projets d'infrastructure du gouvernement du Québec. Ces mesures visent à améliorer la transparence et la reddition de compte des pouvoirs publics au stade de la définition des besoins et de la programmation des marchés publics pour les projets majeurs d'infrastructure. S'attardant en premier lieu aux activités du CEI, ce chapitre analyse aussi de façon plus générale la planification de l'ensemble des marchés au sein des organismes publics.

Au Québec comme ailleurs, les mesures pour accroître la transparence et la reddition de comptes dans la conduite des marchés publics sont concentrées sur la phase de l'organisation et la gestion de l'appel d'offre. Il reste que l'étape de la définition des besoins et de la programmation des marchés publics est également très vulnérable à l'influence indue et à la corruption. L'étape de la définition des besoins est particulièrement vulnérable dans les grands projets d'infrastructure, en raison notamment du degré de pouvoir discrétionnaire des pouvoirs publics à l'égard des décisions d'investissement, de l'importance des montants en jeu, de la complexité technique des projets et de la multiplicité des étapes du cycle d'investissement. Selon le *Rapport de l'OCDE sur la corruption transnationale* (OCDE, 2014[1]), près de 60 % des affaires de corruption intervenant à l'étranger ont lieu dans des secteurs en lien étroit avec les infrastructures (industries extractives, construction, transports et entreprise, information et communication).

L'influence d'intérêts politiques et particulièrement aux stades de la définition des besoins d'investissements et de la programmation des projets peuvent conduire au gaspillage et à la création d'« éléphants blancs » (c'est-à-dire des infrastructures qui ne répondent pas aux besoins et dont les coûts ne sont pas justifiés par leur utilité). Ainsi, les gouvernements devraient faire en sorte que des contrôles existent dans l'ensemble du cycle des politiques d'investissements publics, et non seulement aux étapes associées à la phase d'appel d'offre (graphique 2.1). Plusieurs pays ont adopté des mesures pour diminuer les risques de politisation dans chacune de ces phases et éviter ainsi que les projets d'infrastructures fassent l'objet d'une captation au bénéfice d'acteurs économiques inefficients ou d'intérêts particuliers.

Graphique 2.1. Cycle d'investissement public

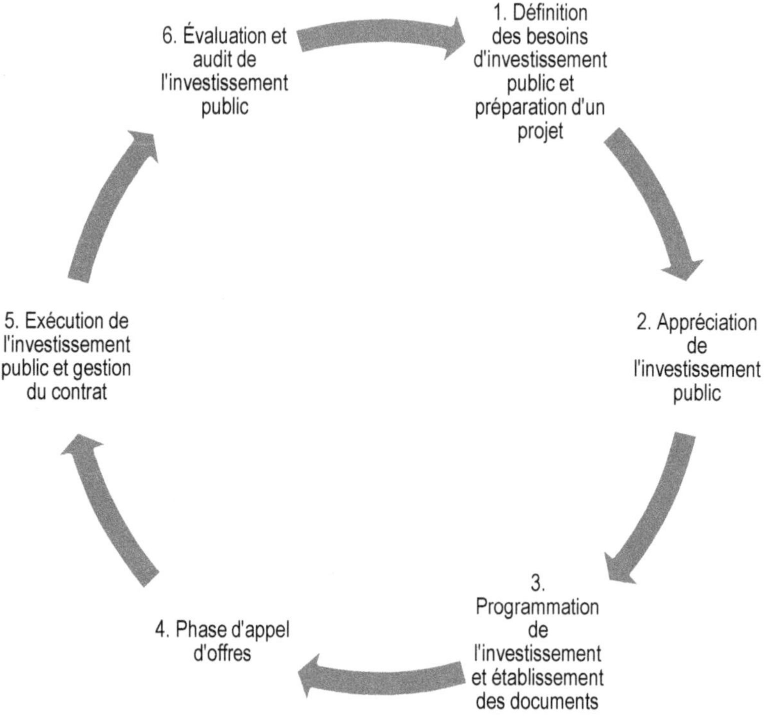

Source : OCDE (2017[2]), *Cadre d'intégrité pour l'investissement public*, Examens de l'OCDE sur la gouvernance publique, Éditions OCDE, Paris, https://doi.org/10.1787/9789264263543-fr.

Ce chapitre portera sur les mesures en place au Québec afin d'améliorer la transparence et la reddition de compte des pouvoirs publics au stade de la définition des besoins et de la programmation des marchés publics. S'attachant en premier lieu à la question des projets d'infrastructure, ce chapitre traite aussi de façon plus générale de la planification de l'ensemble des marchés publics.

Une planification des projets de travaux et d'infrastructure objective, transparente et indépendante de considérations politiques

En réponse à une recommandation de la Commission Charbonneau, un comité d'experts indépendants (CEI) a été créé par le ministère des transports le 31 mars 2016 afin de donner un avis sur la programmation des marchés publics dont il a la responsabilité. Le CEI est composé de trois experts externes et indépendants dans les domaines du génie, des finances et de la gouvernance.

L'objectif derrière la création du CEI est d'assurer l'objectivité dans le choix des projets d'infrastructure et de dépolitiser l'approbation des projets de conservation et d'amélioration du réseau routier au ministère des transports (CEIC, 2015[3]).

La structure spécifique du CEI va au-delà des pratiques généralement mises en place dans les autres pays de l'OCDE pour dépolitiser la planification des projets d'infrastructure, et à notre connaissance n'apparaît pas avoir d'équivalents. Les bonnes pratiques des pays de l'OCDE pour accroître la reddition de compte du gouvernement dans la définition des besoins et la planification des projets d'infrastructure sont davantage centrées sur des projets spécifiques plutôt que sur les processus pour l'ensemble de la programmation des infrastructures routières (encadré 2.1).

Encadré 2.1. Le centre de gestion des investissements publics et privés en infrastructures (PIMAC) en Corée

Le PIMAC est un groupe de réflexion qui évalue des projets dans le cadre d'études préliminaires de faisabilité (EPF) et procède à la réévaluation de la faisabilité des investissements publics ainsi qu'à des tests de rentabilité de projets de PPP portant sur des investissements infrastructurels.

Les principes directeurs en matière d'étude préliminaire de faisabilité indiquent comment apprécier des projets et déterminent quel type d'analyse des coûts et des avantages doit y être intégré. L'objectif est de présenter les résultats du travail d'appréciation technique de manière logique et claire, d'assurer la cohérence entre les différentes EPF et d'améliorer la fiabilité et l'imputabilité de leurs résultats. Il s'agit de principes généraux et standardisés applicables à chaque domaine concerné : les routes, les chemins de fer, les aéroports, les ports, la culture, le tourisme, les sports et la recherche-développement.

Ces principes donnent des indications précises sur la faisabilité économique, l'évaluation de la faisabilité budgétaire, l'analyse des politiques publiques (par exemple le degré de retard du développement régional, la promotion de l'économie régionale, la possibilité de recevoir une aide budgétaire, la cohérence avec les programmes en rapport, l'évaluation de l'incidence sur l'environnement, etc.) et le processus de hiérarchisation analytique (PHA).

Source : (OCDE, 2017[2]).

Depuis sa création, le CEI a remis deux rapports, soit pour la programmation routière 2017-19 (CEI, 2017[4]) et la programmation routière 2018-20 (CEI, 2018[5]). Un aspect important du rapport de 2018-20 est qu'il fait état du progrès concernant la mise en œuvre des recommandations du rapport de 2017-19 2019. Les deux rapports sont disponibles sur le site internet du ministère des Transports (MTQ), ce qui favorise la transparence et la responsabilisation du gouvernement concernant la mise en œuvre des recommandations du CEI. Le Ministère a élaboré un plan d'action afin d'assurer la mise en œuvre des recommandations du CEI, et selon l'information partagée, sa réalisation est en cours. Il a constaté que le MTQ assure un suivi interne rigoureux sur l'état d'avancement de la mise en œuvre des recommandations du CEI et a défini des dates d'échéance raisonnable pour l'ensemble des recommandations.

Formaliser l'existence du Comité d'experts indépendants et le processus de suivi de ses recommandations à l'intérieur d'une loi ou d'une directive

Jusqu'à maintenant, selon la perspective du MTQ et du Comité public de suivi sur des recommandations de la Commission Charbonneau (Comité de suivi), les travaux du CEI ont été couronnés de succès. Le gouvernement pourrait formaliser son fonctionnement dans une loi ou une directive s'il désire assurer sa pérennité.

Formaliser le Comité d'experts indépendants dans une loi ou une directive

De l'avis du MTQ et du Comité de suivi, le CEI contribue de façon significative à accroître la transparence dans la programmation des marchés publics et des travaux du ministère des transports. Comme le mandat du CEI était limité à deux ans, celui-ci a été renouvelé pour une autre période de deux ans à la suite d'un processus de nomination de nouveaux membres par le MTQ. Compte tenu des résultats positifs des travaux du CEI et de la volonté du MTQ de reconduire le mandat du CEI sur une base continue, le MTQ pourrait considérer formaliser le rôle et le mandat du CEI, ainsi que le processus de suivi quant aux recommandations du CEI, à l'intérieur d'une loi ou d'une directive du ministre des Transports. À l'heure actuelle, il n'existe aucune autorité législative ou de politique formelle sur la gouvernance du CEI et afin d'accroître la transparence sur la mise en œuvre de ses recommandations.

Toutefois, selon certains des intervenants interrogés, la publication de ces rapports passe relativement inaperçue. Le MTQ pourrait considérer des moyens de partager des mises à jour sur la réalisation des recommandations du CEI. Certains des constats du rapport soulèvent des problématiques d'intérêt public, telle que l'accroissement de la dégradation du réseau routier québécois malgré une hausse des investissements dans son maintien. Une publication plus régulière des actions prévues par le gouvernement afin de répondre aux problématiques identifiées par le CEI renforcerait la transparence et la reddition de compte, et contribueraient à la confiance du public dans le gouvernement.

Atténuer le risque de politisation de l'ensemble des projets majeurs d'infrastructures publiques

Le mandat du CEI est limité aux travaux d'infrastructures sous la responsabilité du MTQ, mais d'autres projets majeurs d'infrastructure sont également vulnérables au risque de politisation.

Prolonger le mandat du CEI à l'ensemble des projets majeurs d'infrastructures publiques

Il y a un nombre limité de marchés publics qui sont susceptibles d'être détournés afin d'acquérir du capital politique au niveau local, mais ce risque n'est pas limité aux seuls projets d'infrastructures routières relevant du mandat du MTQ. En effet, selon l'information recueillie pour les fins de ce rapport, la planification des investissements, soit le plan québécois des infrastructures (PQI), est approuvé par Conseil des ministres, incluant la priorisation des projets majeurs d'infrastructure effectuée par chaque ministre concerné (incluant ceux du MTQ). Les projets de construction ou d'amélioration d'infrastructure immobilière de toute sorte, tels que les hôpitaux, les établissements d'enseignement ou des centres de services régionaux, sont donc également susceptibles d'être instrumentalisés à des fins politiques, ou du moins en avoir l'apparence.

Ainsi, les conclusions de la Commission Charbonneau selon lesquelles il est préférable d'établir une saine distance entre les élus et les projets d'infrastructures sont applicables à la programmation des projets majeurs de tous les organismes publics.

C'est dans cette optique que le gouvernement du Québec a adopté la *Loi sur les infrastructures publiques* le 30 octobre 2013. Cette loi établit les règles de gouvernance en matière de planification des investissements publics en infrastructures et de gestion des infrastructures publiques, dans le but d'obtenir une vision à long terme et d'assurer leur qualité et leur durabilité.

À cet égard, le Président du Conseil du trésor, responsable de l'application de la *Loi sur les infrastructures publiques,* est appuyé par son Sous-secrétariat aux infrastructures publiques pour assumer cette fonction. Ce dernier est responsable :

- De coordonner le processus d'évaluation et de suivi de l'état du parc d'infrastructures publiques et du suivi de son évolution ;
- De collecter et d'analyser les besoins en investissements des organismes publics;
- D'élaborer et mettre en œuvre le Plan québécois des infrastructures (PQI) sur 10 ans ;
- De préparer un rapport annuel sur le suivi des investissements publics alloués en infrastructures ;
- De conseiller le Conseil du trésor en matière de planification, d'approbation et de gestion des projets d'infrastructure publique ;
- D'élaborer et de voir à la mise en œuvre de l'encadrement nécessaire afin d'assurer une gouvernance optimale des grands projets d'infrastructure publique;
- D'élaborer les politiques, stratégies et directives en ces matières.

Ainsi, dans le but d'avoir une connaissance globale et approfondie du parc d'infrastructure sous la responsabilité du gouvernement du Québec, les principaux organismes publics, tel que désigné à l'article 3 de la *Loi sur les infrastructures publiques*, sont tenus de produire un plan annuel de gestion des investissements publics en infrastructure (PAGI) au Président du Conseil du trésor et de suivre l'évolution de l'état et du déficit de maintien d'actifs des infrastructures sous leur responsabilité, incluant l'effet des investissements réalisés en cours d'année. L'information générée par les PAGI permettra au gouvernement du Québec d'avoir une vue d'ensemble sur l'évolution de l'état et du déficit de maintien d'actifs de la majorité du parc d'infrastructures publiques.

De plus, le gouvernement du Québec a créé des principes directeurs afin de prioriser ses investissements en infrastructures publiques, basés sur des objectifs accordant une prépondérance au maintien de l'offre des services au public sur la bonification des services (SCT, 2018). Ainsi, les principes directeurs et les PAGI sont donc pris en compte dans le PQI proposé au gouvernement par le Conseil du trésor.

Ce PQI est accompagné d'un rapport faisant état de l'utilisation des sommes allouées aux infrastructures pendant l'année financière précédente, et d'une prévision de leur utilisation pour l'année financière en cours. Après avoir analysé le PQI proposé par le Conseil du trésor et apporté les changements nécessaires, le cas échéant, le gouvernement joint une version finale du PQI et des PAGI au budget de dépenses déposé à l'Assemblée nationale, afin que les prévisions soient étudiées par la Commission parlementaire compétente dans le cadre des crédits budgétaires. Les projets d'infrastructures de plus de 50 millions USD qui sont à l'étude, en planification ou en cours de réalisation sont rendus publics par le Sous-secrétariat aux infrastructures publiques par l'entremise d'un tableau de bord publié sur le site internet du Secrétariat du Conseil du trésor. Cet outil visant la transparence peut être consulté à l'adresse suivante : https://www.tresor.gouv.qc.ca/infrastructures-publiques/tableau-de-bord/.

De plus, en matière de planification, d'approbation et de gestion des projets d'infrastructures, le gouvernement a adopté la *Directive sur la gestion des projets majeurs d'infrastructure publique* (Directive) qui prévoit un encadrement et des règles de gestion rigoureuses appuyant le processus décisionnel du Conseil des ministres pour la mise à l'étude, la planification, la réalisation de projets majeurs des organismes publics et les modifications significatives qui pourraient y être appliquées. Ainsi, cette directive prévoit l'élaboration d'une documentation étoffée pour appuyer la définition du besoin, le choix de l'option retenue et la mise en œuvre de la réalisation des projets majeurs (fiche d'avant-projet, dossier d'opportunité et dossier d'affaires ainsi que rapports d'avancement et de clôture).

Finalement, dans le but de renforcer le suivi sur la réalisation des projets d'infrastructures publiques, le SCT a mis en place un comité de gouvernance des projets en infrastructures, lequel est présidé par le secrétaire associé aux infrastructures publiques du SCT et est composé de membres permanents du SCT et de la SQI, ainsi que de répondants des ministères concernés.

Considérés dans leur ensemble, la gouvernance mise en place par le SCT, soit les processus d'élaboration et d'approbation du PQI et des PAGI, la Directive ainsi que le tableau de bord des projets d'infrastructures publiques constituent un moyen innovateur pour accroître la transparence et la reddition de compte dans la programmation et la priorisation des projets d'infrastructures du gouvernement du Québec. Ces processus sont alignés avec les bonnes pratiques au sein des pays de l'OCDE, et peuvent même se comparer avantageusement par rapport à certains de ceux-ci.

Comme le montre le graphique 2.2, de nombreux pays de l'OCDE développent une liste courte des projets d'infrastructure à être réalisés à moyen terme (par exemple dans la durée d'un cycle électoral).

Graphique 2.2. Existence d'une liste courte globale des projets d'infrastructure qui doivent être implémentés à moyen terme dans les pays de l'OCDE

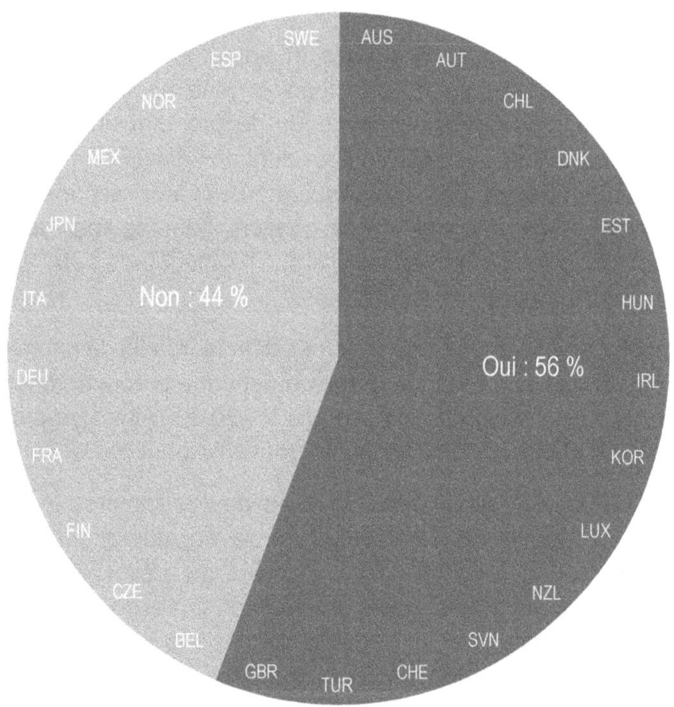

Source : (OCDE, 2017[6]).

L'existence d'une programmation exhaustive et transparente des projets d'infrastructure permet d'accroître la visibilité et la cohérence de la priorisation des projets, réduisant ainsi les décisions discrétionnaires subjectives.

Considérant le succès obtenu par le CEI en support au MTQ, le fait que le Conseil des ministres ait le pouvoir d'approuver et de modifier le PQI, que la gestion du risque de politisation doit être mise à jour sur une base périodique et qu'une perspective d'experts externes puisse être précieuse pour ce faire, le gouvernement pourrait considérer comment il pourrait intégrer le mandat du CEI à la programmation des marchés publics assujettis à la *Directive sur la gestion des projets majeurs d'infrastructure publique*. L'exercice de la compétence du CEI sur l'ensemble des projets majeurs d'infrastructures publiques pourrait atténuer encore davantage l'apparence de vulnérabilité aux influences politiques au détriment de considérations de gouvernance ou techniques, et ainsi accroître la confiance du public dans l'objectivité de la programmation d'infrastructures publiques.

Renforcer l'intégrité des marchés publics en solidifiant et en harmonisant les processus de programmation

Vers un renforcement des capacités à l'étape de l'identification et de la programmation des besoins futurs

Dans la littérature (Schiele, 2007[7]; Barry et al., 1996[8]), la performance de la planification des achats est depuis longtemps reconnue comme une composante majeure permettant l'évaluation de la maturité stratégique des achats au sein d'une organisation. Outre son impact sur l'efficience des marchés publics, une planification structurée permet de minimiser le recours à des procédures pas ou peu transparentes.

Renforcer le processus de planification des besoins pour accroître la transparence et assurer une stratégie à long terme pour la conduite des marchés publics

L'un des objectifs principaux de la LCOP identifiés à son article 2 est de mettre en place des « procédures efficaces et efficientes, comportant notamment une évaluation préalable des besoins adéquate et rigoureuse [...] ». La première étape d'une évaluation approfondie des besoins est la planification des besoins futurs par les acheteurs publics. En pratique toutefois, cet objectif n'est pas atteint sur une base constante et harmonisée par l'ensemble des organismes publics. En effet, plusieurs parties prenantes rencontrées durant la collecte de données pour les fins de ce rapport ont fait état d'un manque d'expertise nécessaire dans certains organismes publics afin de planifier leurs besoins futurs de façon spécifique et structurée avant l'organisation des appels d'offre. Selon les parties prenantes, le manque d'expertise pour la planification des besoins futurs est encore plus évident dans certaines municipalités, celles-ci étant régies par la *Loi sur les cités et villes* et le *Code municipal*.

L'expérience de l'OCDE démontre qu'il y a certaines étapes essentielles avant de débuter la phase de l'identification de fournisseurs potentiels et une analyse de leurs moyens[1]. D'abord, les besoins internes doivent être parfaitement compris pour s'assurer que l'analyse des marchés, qui sera conduite à une phase ultérieure, cible les produits ou les services appropriés.

La planification des achats est non seulement importante pour assurer des opérations coordonnées et efficaces, mais elle contribue également à réduire le recours injustifié aux exceptions liées à la notion d'urgence et à la conclusion de marché de gré-à-gré. Or, cette pratique, même si le motif exact justifiant le recours à cette procédure ne peut être établi de façon certaine, est relativement présente dans les marchés publics au Québec comme le montre le graphique 2.3.

Graphique 2.3. Pourcentage de procédures utilisées par les organismes publics au-dessus des seuils pour la période 2016-2017 et 2015-2016

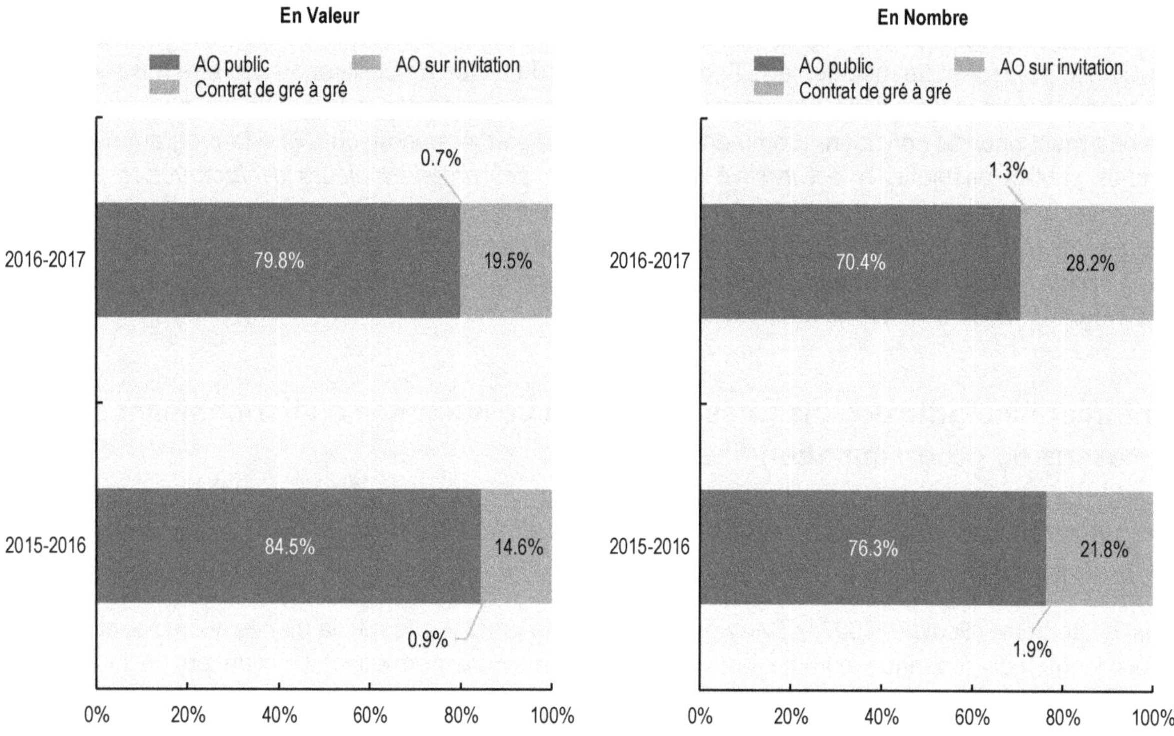

Note : Ces données ne prennent pas en comptes les ententes conclues entre organismes publics ; les ententes d'occupation conclues avec ou par la Société québécoise des infrastructures ; les contrats concernant la gestion du parc immobilier gouvernemental ; les contrats de concession portant sur l'exercice d'une activité commerciale pour le compte du gouvernement et pour laquelle des redevances lui sont versées ; les commandes de biens découlant d'un contrat à commandes, de même que les demandes de services découlant d'un contrat à exécution sur demande.

Source : (Secrétariat du Conseil du trésor, 2017[9]).

Au-delà d'être un outil réduisant le risque de recours à une procédure d'exception qui limite la transparence des marchés publics, la planification des achats permet de communiquer une liste initiale des besoins des organismes publics au secteur privé pour qu'ils prennent connaissance d'éventuelles opportunités futures. Le gouvernement du Québec a établi des lignes directrices générales sur la gestion contractuelle qui incluent une section sur la planification des achats. En effet, le guide *Processus de référence en gestion contractuelle*, élaboré par le CSPQ, fournit des références aux bonnes pratiques afin de promouvoir leur application.

De plus, tel que discuté à la section « Atténuer le risque de politisation de l'ensemble des projets majeurs d'infrastructures publiques », le gouvernement du Québec a mis en place un processus de planification et priorisation élaboré pour les projets d'infrastructures publiques. La Directive requiert notamment la production d'un dossier d'opportunité qui doit démontrer le besoin afin de permettre au Conseil des ministres de statuer sur la pertinence d'un projet d'infrastructure. Le SCT peut également exiger du sous-ministre ou du dirigeant d'un organisme public qu'il désigne une personne chargée de coordonner les travaux d'une équipe assurant une gouvernance centralisée de la gestion du portefeuille des projets d'infrastructure publique. Dans le cadre de ses travaux, l'équipe exerce un rôle-conseil auprès du sous-ministre ou du dirigeant de l'organisme public relativement aux aspects suivants des projets d'infrastructure publique:

1. l'identification, la sélection et la priorisation des projets;
2. la coordination et le suivi des projets;
3. tout autre aspect déterminé par le Conseil du trésor.

Le gouvernement du Québec organise également les vitrines technologiques inversées, qui requièrent un processus structuré de planification des achats en permettant aux organismes publics de communiquer leurs besoins à venir en matière de technologies de l'information. Ces rencontres, publiques et ouvertes à toutes les entreprises, permettent à celles-ci d'obtenir l'information pertinente et d'adapter la conception de leurs solutions aux caractéristiques des projets gouvernementaux à venir.

Dans la même veine, les pratiques de planification des achats sont mises en place de façon structurée et permanente dans nombre de pays de l'OCDE, ainsi que le démontre le Chapitre 4, et servent également à accroître les niveaux de concurrence dans les marchés publics, ce qui indirectement limite leur exposition aux risques de corruption. Ceci étant, la nature des informations publiées doit être soigneusement évaluée pour éviter qu'une transparence accrue sur les besoins futurs du secteur public ne fasse apparaître un autre type de risque de fraude : la collusion (OCDE, 2012[10]).

Au-delà de l'élaboration de lignes directrices, le gouvernement du Québec est conscient des difficultés des fonctionnaires à établir et suivre des processus rigoureux pour l'identification des besoins avant la phase d'élaboration et de soumission des appels d'offres. Deux pôles d'expertise sont en cours de développement. Un de ces pôles portera sur les marchés publics dans le secteur de la construction et sera dirigé par la Société québécoise des infrastructures (SQI). L'autre pôle portera sur l'achat de technologies de l'information et sera dirigé par le Centre de services partagés du Québec (CSPQ). Considérant qu'il est prévu que ces pôles d'expertise couvrent l'ensemble du cycle de gestion contractuelle, la SQI et le CSPQ pourraient porter une attention particulière à l'encadrement des organismes publics à l'étape de la définition des besoins.

Un troisième pôle d'expertise a été créé, cette fois portant sur la gestion contractuelle au niveau municipal. Il a été développé par le ministère des Affaires municipales et de l'Habitation (MAMH) en collaboration avec la Fédération québécoise des municipalités (FQM) et l'Union des municipalités du Québec (UMQ). Ce pôle d'expertise comprend trois groupes de travail qui se partagent cinq priorités, à savoir : (1) la définition du besoin ; (2) le mode d'octroi ; (3) l'appel d'offre public ; (4) l'octroi du contrat ; et (5) le suivi des contrats. Selon le MAMH, la définition des besoins a été identifiée comme une priorité compte tenu du fait que le manque de connaissances rend parfois difficile l'identification du projet optimal, alors que cette étape est essentielle avant de passer à l'élaboration des documents d'appel d'offres. De plus, trop peu d'attention est accordée à la définition du besoin, ce qui multiplie la publication d'addendas et de changements dans les directives, ce qui peut grandement entacher la crédibilité d'un projet. Un manque de connaissances et d'intérêt à un processus de définition rigoureux peut également rendre un projet plus vulnérable à l'influence indue de la part de tiers.

Bien que le gouvernement du Québec ait mis en œuvre des mesures concrètes afin de renforcer le processus de planification des besoins, leur application est limitée à certains types de marchés publics, tels que ceux dans le secteur des infrastructures et des technologies de l'information. Ainsi, le gouvernement pourrait considérer renforcer davantage son encadrement à l'étape de l'identification et la définition des besoins des organismes publics. Par exemple, pour complémenter les lignes directrices sur la planification des achats, le SCT pourrait prévoir des ressources techniques qui seraient responsables d'appuyer l'ensemble des organismes publics pour l'application des bonnes pratiques et des exigences applicables à des contextes précis. Les bénéfices associés à la consolidation de l'expertise technique sont également discutés à la section « Offrir un support aux municipalités et aux fonctionnaires municipaux en matière d'intégrité et de contrats publics » dans le chapitre 1.

Une planification plus largement institutionnalisée permettrait de renforcer l'imputabilité des décisions en matière de marchés publics et faciliter les audits

De plus, le gouvernement du Québec pourrait établir des standards précis concernant la documentation au support des décisions en matière de définition des besoins des organismes publics et municipaux. Pour sa part, le MAMH accompagne le milieu municipal de manière à l'aider dans l'établissement de ses propres standards. Bien que des exigences existent concernant la documentation au support des décisions du Conseil des ministres dans le secteur des infrastructures (voir la section « Une planification des projets de travaux et d'infrastructure objective, transparente et indépendante de considérations politiques »), et que ces exigences peuvent également être appliquées aux organismes municipaux, elles ne visent pas de façon constante à l'ensemble des marchés publics des organismes publics et municipaux. En effet, selon les discussions avec les parties prenantes pour les fins de ce rapport, des résultats d'audit du Vérificateur Général du Québec ont révélé que certains des processus de planification des marchés publics dans des secteurs autres que les infrastructures étaient peu ou pas documentés, notamment par rapport à l'estimation des coûts des marchés publics. L'exemple de la Nouvelle-Zélande et de la Croatie ci-dessous permet de comprendre certains bénéfices retirés d'une publication formelle des plans d'achat, notamment en matière d'audits (encadré 2.2).

Encadré 2.2. Publication des plans d'achats

Nouvelle-Zélande

En Nouvelle-Zélande, les plans d'achats annuels (*Annual Procurement Plan*) des organismes gouvernementaux sont rendus publics. Ils contiennent une liste indicative des contrats envisagés au cours des douze prochains mois et doivent être envoyés au Ministère des Entreprises, de l'Innovation et de l'Emploi (*Ministry of Business, Innovation and Employment*, MBIE). Le Ministère publie ensuite les plans d'achats sous forme d'une liste consolidée accessible sur son site internet. En plus d'un plan annuel, les organismes gouvernementaux doivent également soumettre au Ministère une prévision étendue des achats (*Extended Procurement Forecast*, EPF) ainsi qu'un plan d'achats significatifs (*Significant Procurement Plan*, SPP) pour les contrats suivants :

- Les contrats dont la valeur totale sur l'ensemble de la durée de vie est estimée à plus de 5 millions NZD;
- Les contrats qui, en raison de leur nature ou de leur complexité, pourraient exposer le gouvernement à des risques significatifs s'ils n'étaient pas exécutés selon le cahier des charges initial, dans les limites du budget prévu et des délais impartis ;
- Les contrats qui permettent potentiellement une collaboration inter-gouvernementale ou un partage des ressources.

Le EPF est une liste des contrats prévisionnels pour les 4 ans à venir, tandis que le SPP donne davantage de précisions sur les contrats que l'agence a l'intention de passer, la manière dont elle souhaite aborder le marché, la méthode utilisée pour l'octroi du contrat et l'évaluation des soumissions. Le SPP doit être examiné par le MBIE qui, en retour, fournit à l'organisme public des commentaires et conseils sur le contenu du plan, son adéquation avec les règles gouvernementales relatives aux marchés publics, l'évaluation appropriée des coûts et des risques, les types de contrats envisagés, ainsi que les domaines dans lesquels le développement de la capacité d'approvisionnement devrait être concentrée. Cette évaluation permet aux organismes d'améliorer la planification des achats, de mieux optimiser les ressources sur l'ensemble de la durée de vie des contrats et d'identifier les possibilités de collaboration avec d'autres organismes. Elle doit obligatoirement être prise en compte par l'organisme public.

Croatie

En Croatie, la publication des plans d'achat annuels a commencé avec l'implémentation des fonds structurels et d'investissement européens. Plus précisément, les autorités contractantes sont tenues de publier leurs plans d'approvisionnement annuels en ligne dans un délai de 60 jours après l'approbation de leurs budgets. Cette obligation existe pour tous les marchés de 2 600 EUR ou plus. Les plans d'approvisionnement sont mis à jour tous les six mois.

Après une tentative d'élimination de la planification des marchés publics, cette obligation a été réintroduite en 2008, car elle joue un rôle important à des fins de transparence et d'audit. Le vérificateur d'État vérifie le plan d'approvisionnement par rapport aux dépenses d'approvisionnement réelles en fonction des données du registre des contrats. Si des différences apparaissent, les autorités d'audit demandent une justification. Il n'y a pas de sanctions formelles pour les pouvoirs adjudicateurs qui s'écartent des dépenses prévues, mais les autorités d'audit peuvent mener d'autres enquêtes si la divergence par rapport au plan n'est pas suffisamment justifiée.

Les plans d'achat permettent également aux autorités d'audit de vérifier si la valeur des marchés publics a été divisée. Par conséquent, les pouvoirs adjudicateurs sont plus responsables de leurs actions.

La planification des achats a également un effet professionnalisant pour les pouvoirs adjudicateurs, puisqu'ils sont invités à prévoir leurs besoins et à aligner les dépenses affectées sur leurs objectifs politiques. Ainsi, un plan d'approvisionnement aide à démontrer comment les objectifs politiques sont liés aux actions opérationnelles, c'est-à-dire les projets mise en œuvre par les marchés publics.

Source : Adapté de (Commission européenne, s.d.[11]) ; (Gouvernement de la Nouvelle-Zélande, 2015[12]).

Compte tenu des carences identifiées à cette étape des marchés publics, le gouvernement pourrait sensibiliser les corps de vérification interne et externes, dans le respect de leur autonomie, à inclure le processus de définition des besoins et de planification des marchés publics dans la programmation de leurs audits sur une base régulière. Un rôle accru des vérificateurs sur cette phase permettrait de mettre en œuvre un mécanisme de surveillance pour s'assurer de l'exécution effective des projets conformément à la programmation des organismes publics. Cela pourrait permettre de renforcer l'intégrité du processus de programmation en renforçant la reddition de compte.

Finalement, le Québec pourrait s'inspirer des expériences de nombreux pays de l'OCDE où il y a une coordination des projets à la fois au niveau national et régional (Australie, Corée, Italie, Japon, Nouvelle-Zélande, Royaume-Uni, Suède, Turquie) afin de mieux coordonner la conduite des marchés publics des différents paliers de gouvernement. (encadré 2.3).

Encadré 2.3. *Infrastructure Australia* et la plateforme de dialogue entre les échelons publics nationaux et infranationaux

Infrastructure Australia

En 2008, le gouvernement central a créé l'organe consultatif dénommé *Infrastructure Australia* (IA) pour coordonner avec les États les investissements d'importance nationale. Cet organe a pour mission de conseiller le gouvernement central sur les priorités d'investissement dans les secteurs des transports, des communications, de l'eau et de l'énergie, et d'aider les États à recenser les projets d'infrastructures prioritaires sur le plan national. IA se prononce sur les demandes de fonds des États dans le cadre du *Building Australia Fund* (BAF), principal mécanisme national de financement des grands projets d'infrastructures.

Plateforme de dialogue entre les échelons publics nationaux et infranationaux

Le Conseil des autorités australiennes (COAG) est la principale instance chargée de définir et d'appliquer la politique de coopération interinstitutionnelle. Il est composé du Premier Ministre du pays, qui le préside, des Premiers Ministres des États et des Territoires, et du président de l'Association des collectivités locales. Au sein du COAG, les administrations fédérales et infranationales ont entériné des principes directeurs nationaux sur les partenariats public-privé, ont convenus d'une stratégie portuaire nationale et ont conclu des accords inter-administrations sur les véhicules lourds, les chemins de fer et la sécurité maritime. Le COAG reçoit aussi régulièrement des rapports d'*Infrastructure Australia*.

Source : (OCDE, 2017[2]).

Harmoniser les processus afin d'accroître l'intégration et la visibilité des marchés publics futurs

Les processus de programmation des marchés publics ne sont pas harmonisés ou coordonnés d'un organisme public à l'autre. Ceci peut avoir un impact négatif sur la reddition de comptes et sur les coûts engendrés par les marchés publics.

Harmoniser les processus de programmation dans l'ensemble des organismes publics pour accroître l'intégration et la visibilité des processus de marchés publics futurs

Dans l'ensemble des donneurs d'ouvrage public (DOP) interrogés, la programmation des marchés publics se fait généralement de manière décentralisée par les unités opérationnelles, ou par les directions générales territoriales. Il existe néanmoins certaines variations d'un organisme à l'autre. Par exemple, le principal organisateur de marchés publics à la RAMQ, à savoir la direction des technologies de l'information, soumet une planification annuelle à la direction des contrats publics. Mais pour les autres directions, les intentions d'organiser les marchés publics sont acheminées de manière *ad hoc*. Il n'y a pas non plus de coordination entre les organismes publics et municipaux qui voudraient lancer des appels d'offre simultanément dans un marché donné.

En premier lieu, un manque de coordination de la programmation au niveau central peut affecter la transparence et la reddition de compte dans l'organisation des marchés publics d'une organisation. Par exemple, les directions générales territoriales (DGT) préparent leur programmation proposée sur la base de stratégies d'intervention et d'orientations dans le choix de projets à prioriser établies par l'administration centrale. Dans un souci d'efficience et de transparence, le CEI a récemment recommandé au MTQ d'examiner la possibilité de préparer une programmation « suggérée » pour l'ensemble de la province au niveau central, qui pourrait ensuite être envoyée aux DGT pour validation (CEI, 2017[4]). Les DGT pourraient ensuite apporter des modifications à la programmation selon les caractéristiques à leur région. L'objectif derrière cette recommandation est de « faciliter la transparence et la documentation des changements, retraits, modifications ou ajouts introduits pour répondre aux particularités régionales » (CEI, 2017[4]). Dans son rapport de 2018, le CEI propose également que l'organisation centrale du MTQ fasse un suivi auprès des DGT sur la préparation des projets en amont de l'exercice de programmation, ce qui pourrait servir à identifier plus tôt les écarts observables entre les projets en développement et les priorités ministérielles, et ainsi apporter des correctifs plus promptement. L'article 17 de la *Loi sur les infrastructures publiques* permet au SCT d'exiger du sous-ministre ou du dirigeant d'un organisme public qu'il désigne une équipe responsable de coordonner la gestion centralisée des projets d'infrastructure publique, notamment concernant (1) l'identification, la sélection et la priorisation des projets; (2) la coordination et le suivi des projets; et (3) tout autre aspect déterminé par le SCT.

Tel que mentionné précédemment, un manque de coordination et de planification des différents marchés publics peut nécessiter un recours indu aux exceptions aux processus d'appel d'offres, ce qui peut causer une augmentation des coûts et camoufler des irrégularités. Les entreprises qui soumissionnent couramment sur des appels d'offre rapportent qu'il n'y a pas d'analyse de faite au niveau du gouvernement ou des municipalités sur la capacité des différents marchés à répondre à la demande issue d'un ou de plusieurs appels d'offre simultanés dans une région donnée (voir également la discussion sur l'analyse des marchés dans le chapitre 3). Une trop grande demande en fonction de la capacité du marché à y répondre peut faire augmenter les prix de façon significative, et nécessiter le recours à des propositions de moins bonne qualité. Une planification des besoins des organismes publics mieux intégrée ferait en sorte qu'il y aurait moins d'appels d'offre lancés en concurrence à l'intérieur d'un même marché pour une période donnée, ce qui pourrait avoir un impact positif sur le prix et la qualité.

Ainsi, le gouvernement du Québec pourrait considérer l'harmonisation des processus de programmation des achats afin qu'ils soient cohérents d'un organisme public à l'autre. Le MAMH pourrait considérer faire de même pour les organismes municipaux. Ces processus harmonisés requièrent une meilleure planification des unités décentralisées au sein de chaque organisme public, dans le but d'avoir une programmation centrale mieux intégrée au niveau des organismes publics. Les exigences de planification du gouvernement du Québec pourraient s'inspirer des bonnes pratiques en la matière mises en place par certains pays de l'OCDE, tels que la Nouvelle-Zélande et l'Italie (encadré 2.4). En effet, après plusieurs cas d'irrégularités dans les marchés publics exposés dans les médias, l'Italie a fusionné son autorité des marchés publics à son agence anticorruption (ANAC) et a élargi les pouvoirs applicables en matière de surveillance et d'intervention. Ainsi, Consip dispose actuellement de procédures robustes et détaillées en matière de planification des achats et d'analyse des marchés.

Le lancement d'un marché public hors planification pourrait rester possible au Québec avec des justifications suffisantes, de sorte que ces procédures deviennent l'exception plutôt que la règle dans l'ensemble des organismes publics. Bénéficiant ainsi d'une information consolidée sur les besoins futurs du secteur public, le gouvernement du Québec pourrait également mettre en place une approche stratégique et un processus pour coordonner la passation des marchés publics par différents organismes publics et municipaux, afin de pouvoir évaluer la capacité des marchés à répondre à la demande.

Encadré 2.4. Centralisation et harmonisation des processus de programmation

Nouvelle-Zélande

En Nouvelle-Zélande, la publication de deux plans d'achats additionnels, en plus des plans d'achats annuels, par les agences gouvernementales a pour objectif de permettre au gouvernement de faciliter la planification inter-gouvernementale. Le premier plan prévisionnel sur 4 ans (*Extended Procurement Forecast*, EPF) permet d'avoir une vision sur le long-terme des achats envisagés par les organismes gouvernementaux, tandis que le deuxième plan (*Significant Procurement Plan*, SPP) permet au Gouvernement central d'identifier des synergies et des possibilités de collaboration.

Ce dernier objectif s'inscrit dans le cadre d'une réforme de la politique gouvernementale en matière de marchés publics menée en 2012 (*Procurement Functional Leadership, PFL*) et qui a permis de réaliser des économies et des gains d'efficacité grâce à l'établissement de différents contrats collaboratifs exécutés sous la direction du Ministre des Entreprises, de l'Innovation et de l'Emploi (MBIE). Les contrats de collaboration permettent aux organismes gouvernementaux de réaliser des économies de coûts grâce aux économies d'échelle, d'harmoniser les besoins opérationnels, d'effectuer des économies sur les coûts de transaction et d'établir un contrat et un cadre de gouvernance communs.

Conscientes des avantages potentiels de cette approche, un nombre croissant d'agences gouvernementales participent à ces contrats. Selon le Rapport d'Activité 2014 du PFL, plus de 720 agences participent aux « *All-of-Government Contracts* » (AoG), un type de contrat de collaboration établissant des ententes d'approvisionnement avec des fournisseurs approuvés pour certains biens ou services communs achetés dans l'ensemble du gouvernement. Les économies totales prévues sur la durée de vie de tous les contrats AoG ont également augmenté, passant de 348 millions USD à 415, 1 millions USD. Ce processus d'approvisionnement centralisé a permis au Gouvernement, en plus de réaliser des économies de couts grâce au regroupement des dépenses, d'influer sur les achats stratégiques et de renforcer le leadership au niveau central.

Italie

Le Plan des activités d'approvisionnement (*Sourcing Activities Plan*, SAP) est un plan général que la Direction des achats de Consip, l'agence nationale italienne chargée de la passation des marchés publics, utilise pour planifier et superviser son activité annuelle. Il permet une meilleure adéquation des phases d'approvisionnement aux ressources et aux délais de passation des marchés. Il indique la complexité du projet de marché, le gestionnaire de catégorie qui en est responsable, le mois de début et de fin de chaque phase principale ainsi que la date prévue de disponibilité du contrat.

En fonction de la complexité du marché concerné (faible, moyenne ou élevée), différentes durées de mise en œuvre sont estimées, allant de deux à trois mois pour l'analyse de marché et l'étude de faisabilité, et de six à neuf mois pour la stratégie d'appel d'offres et la rédaction de l'ensemble des documents.

Le SAP est destiné à un usage interne, mais la date estimée de disponibilité du contrat est publiée sur le portail électronique national des marchés publics afin d'aider les acheteurs et les fournisseurs à se préparer pour conclure des marchés

Source : Consip SpA.

Plan d'action

Une programmation transparente et indépendante de considérations politiques

- Formaliser le Comité d'experts indépendants dans une loi ou une directive
- Prolonger le mandat du CEI à l'ensemble des projets majeurs d'infrastructures publiques

Solidifier et harmoniser les processus de programmation dans les organismes publics

- Renforcer le processus de planification des besoins pour accroître la transparence et assurer une stratégie à long terme pour la conduite des marchés publics
- Institutionnaliser les processus de programmation pour renforcer l'imputabilité des décisions en matière de marchés publics et faciliter les audits
- Harmoniser les processus de programmation dans l'ensemble des organismes publics pour accroître l'intégration et la visibilité des processus de marchés publics futurs

Références

Barry, J. et al. (1996), "A Development Model for Effective MRO Procurement", *International Journal of Purchasing and Materials Management*, Vol. 32/2, pp. 35-44, http://dx.doi.org/10.1111/j.1745-493X.1996.tb00284.x. [8]

CEI (2018), *Avis du Comité d'experts indépendants*, CEI, https://www.transports.gouv.qc.ca/fr/projets-infrastructures/investissements/investissements-routiers/investissements-routiers-2018-2020/Documents/avis-programmation.pdf. [5]

CEI (2017), *Avis du Comité d'experts indépendants*, CEI, https://www.transports.gouv.qc.ca/fr/projets-infrastructures/investissements/investissements-routiers/investissements-routiers-2017-2019/Documents/comite_experts_final.pdf. [4]

CEIC (2015), *Rapport final de la Commission d'enquête sur l'octroi et la gestion des contrats publics dans l'industrie de la construction*, https://www.ceic.gouv.qc.ca/fileadmin/Fichiers_client/fichiers/Rapport_final/Rapport_final_CEIC_Integral_c.pdf. [3]

Commission européenne (s.d.), *Increasing the quality of public procurement: Publish annual procurement plans*, http://ec.europa.eu/regional_policy/sources/good_practices/GP_fiche_12.pdf. [11]

Gouvernement de la Nouvelle-Zélande (2015), *Government Rules of Sourcing: Rules for planning your procurement, approaching the market and contracting*, Government of New Zealand, Public procurement, https://www.procurement.govt.nz/assets/procurement-property/documents/government-rules-of-sourcing-procurement.pdf. [12]

OCDE (2017), *Cadre d'intégrité pour l'investissement public*, Examens de l'OCDE sur la gouvernance publique, Éditions OCDE, Paris, http://dx.doi.org/10.1787/9789264263543-fr. [2]

OCDE (2017), *Getting Infrastructure Right: A framework for better governance*, Éditions OCDE, Paris, http://dx.doi.org/10.1787/9789264272453-en. [6]

OCDE (2014), *Rapport de l'OCDE sur la corruption transnationale: Une analyse de l'infraction de corruption d'agents publics étrangers*, Éditions OCDE, Paris, https://dx.doi.org/10.1787/9789264226623-fr. [1]

OCDE (2012), *Recommandation du Conseil de l'OCDE sur la lutte contre les soumissions concertées dans les marchés publics*, OCDE, Paris, http://www.oecd.org/daf/competition/RecommendationOnFightingBidRigging2012FR.pdf. [10]

Schiele, H. (2007), "Supply-management maturity, cost savings and purchasing absorptive capacity: Testing the procurement-performance link", *Journal of Purchasing & Supply Management*, Vol. 13, pp. 274-293, http://dx.doi.org/10.1016/j.pursup.2007.10.002. [7]

Secrétariat du Conseil du trésor (2017), "Statistiques sur les contrats des organismes publics 2016-2017", https://www.tresor.gouv.qc.ca/fileadmin/PDF/faire_affaire_avec_etat/statistiques/1617.pdf (accessed on 18 July 2018). [9]

Note

[1] Présentations faites durant un atelier de l'OCDE portant sur l'amélioration des pratiques en matière de marchés publics de l'Institut pour la sécurité sociale et les services des travailleurs de l'état (ISSSTE), 2 au 4 septembre 2014, Mexico, par des experts du Chili, du Danemark, du Portugal et du Royaume Uni.

3 L'utilisation de modes de passation des marchés publics concurrentiels au Québec

L'intégrité du système de gestion contractuelle est directement liée aux modes de passations utilisés par les organismes publics et municipaux qui exigent des degrés de concurrence différents mais aussi aux critères de sélection et d'adjudication choisis qui peuvent être restrictifs ou manipulés afin d'attribuer un contrat public à un fournisseur donné. De plus, l'intégrité ne peut s'évaluer sans analyser le niveau de transparence du système et sa digitalisation en termes de procédures et d'accès à l'information et aux différents documents tout au long du cycle de gestion contractuelle. Ce chapitre vise donc à analyser le système en place au Québec en termes de modes de passations, de critères de sélection et d'adjudication et de transparence et à fournir des recommandations sur mesures afin de renforcer l'intégrité du système de gestion contractuelle.

Assurer un système de gestion contractuelle intègre, efficace et efficient repose sur un accès équitable aux opportunités de marchés publics par les concurrents potentiels de toutes tailles mais aussi sur un degré adéquat de transparence. La Recommandation de l'OCDE sur les marchés publics souligne l'importance de faire appel à la concurrence et de limiter le recours aux exceptions et à la sollicitation d'une source unique mais aussi de définir des critères pertinents pour l'attribution des marchés (sélection et adjudication). En effet, les risques d'atteinte à l'intégrité sont également liés aux modes de passation des marchés publics et aux critères d'attribution utilisés par les donneurs d'ordre publics (OCDE, 2015[1]). Un degré adéquat de transparence dans la gestion contractuelle non seulement favorise la responsabilisation et garantit l'accès à l'information, mais joue également un rôle important dans l'harmonisation des « règles du jeu » pour les entreprises ce qui permet de limiter les risques d'atteinte à l'intégrité (OCDE, 2016[2]).

Pour l'utilisation de procédures de gestion contractuelle appropriées

Tout comme dans les systèmes de gestion contractuelle des pays de l'OCDE et ailleurs, il existe trois types de procédures au Québec: « l'appel d'offre public » -AOP qui est la procédure générale à utiliser, « l'appel d'offre sur invitation » - AOI et le gré à gré. Étant donné l'impact de chacune de ces procédures sur l'intégrité du système et sur la concurrence dans un marché donné, il est nécessaire de prévoir des cas spécifiques pour le recours à chacune d'entre elles (OCDE, 2019[3]). En effet, des procédures moins concurrentielles représentent un risque d'atteinte à l'intégrité plus importante si elles ne sont pas correctement utilisées et contrôlées.

Vers des procédures de passation plus concurrentielles en dessous des seuils d'appel d'offre public

Au Québec, différents seuils d'AOP peuvent être appliqués car les organismes publics et municipaux sont soumis à différents accords de libéralisation des marchés publics. Les seuils varient donc selon le statut des différents organismes et selon qu'il s'agisse de contrats d'approvisionnement, services, technologies de l'information, ou travaux de construction. Une part considérable des achats qui sont entrepris par les organismes publics et municipaux ont des montants inférieurs au seuil d'AOP, il est donc important de veiller à créer un environnement concurrentiel en dessous des seuils afin de limiter les risques d'atteinte à l'intégrité.

> *Promouvoir les procédures concurrentielles en dessous des seuils en introduisant un seuil intermédiaire au-delà duquel les entités doivent utiliser l'AOI.*

En dessous des seuils d'AOP, afin d'assurer la saine gestion des contrats, le cadre réglementaire du Québec impose aux organismes publics un certain nombre de mécanismes, notamment la possibilité de:

- procéder par AOP ou AOI
- effectuer une rotation parmi les concurrents
- mettre en place des dispositions de contrôle relatives au montant de tout contrat et de toute dépense supplémentaire qui s'y rattache
- de se doter d'un mécanisme de suivi permettant d'assurer l'efficacité et l'efficience des procédures utilisées
- instaurer, sous réserve de tout accord intergouvernemental applicable, des mesures favorisant l'acquisition de biens, de services ou de travaux de construction auprès de concurrents ou de contractants de la région concernée.

Ce dernier point reflète un enjeu majeur du Québec qui est commun à plusieurs pays de l'OCDE : le développement économique des petites et moyennes entreprises- PME locales et celles des régions éloignées.

Par conséquent, chaque entité publique dispose d'un règlement intérieur indiquant les procédures à suivre dans le respect de ses principes. Avant le 1[ier] Janvier 2018, les organismes municipaux pouvaient accorder des contrats de gré à gré si leur valeur est de moins de 25 000 USD et par invitation auprès d'au moins deux fournisseurs si celle-ci est située entre 25 000 USD et 100 000 USD. Depuis, les organismes municipaux peuvent prévoir les règles qu'ils souhaitent pour la passation de tout contrat qui comporte une dépense de moins de 100 000 USD dans la mesure où ils adoptent un règlement sur la gestion contractuelle précisant dans quelles circonstances ces différents modes s'appliqueront. Étant donné que chaque entité définit les procédures à suivre dans son règlement intérieur, les règles peuvent être différentes d'une entité à l'autre, ce qui impacte la clarté du cadre réglementaire pour les fournisseurs et augmente le risque d'atteinte à l'intégrité. Par exemple, pour un contrat relatif aux services professionnels, le SCT peut recourir au gré à gré lorsque le montant estimé est inférieur à 50 000 USD alors que le Ministère des transports, de la mobilité durable et de l'électrification des transports, doit privilégier l'AOI jusqu'à 89 999 USD. D'après les données relatives aux organismes publics, pour les procédures en dessous des seuils et supérieures à 25 000 USD, bien que les différents cadres réglementaires préconisent aux organismes d'évaluer la possibilité de procéder par AOP ou AOI, l'utilisation du gré à gré est beaucoup plus répandue. En effet, en dessous des seuils pour la période 2016-2017, l'AOP représente uniquement18% du montant des procédures, l'AOI 22.5% alors que le gré à gré représente plus de 59.6% du montant de ces procédures (graphique 3.1).

Graphique 3.1. Pourcentage de procédures utilisées par les organismes publics en dessous des seuils pour la période 2016-2017 et 2015-2016

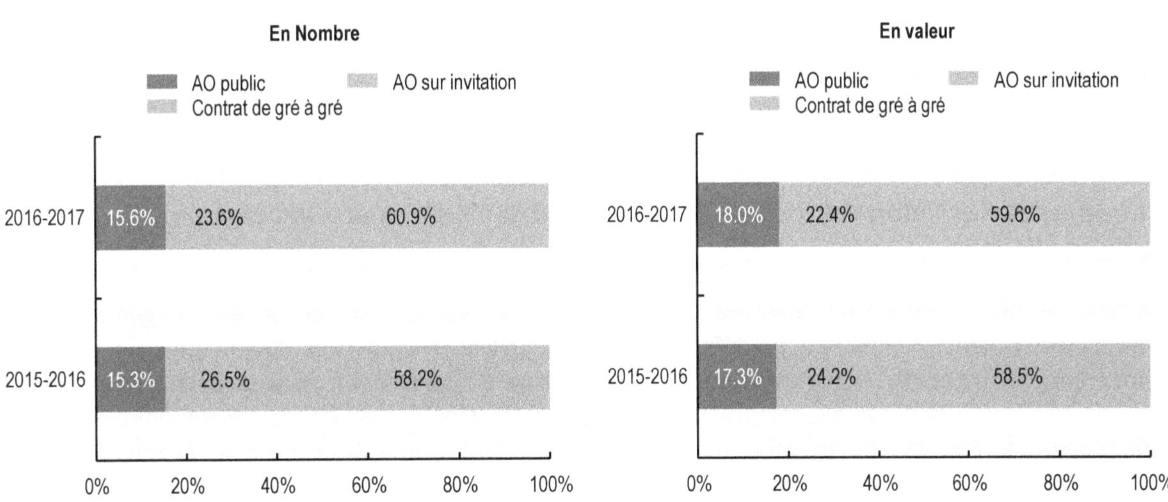

Note : Ces données ne prennent pas en comptes les ententes conclues entre organismes publics ; les ententes d'occupation conclues avec ou par la Société québécoise des infrastructures ; les contrats concernant la gestion du parc immobilier gouvernemental ; les contrats de concession portant sur l'exercice d'une activité commerciale pour le compte du gouvernement et pour laquelle des redevances lui sont versées ; les commandes de biens découlant d'un contrat à commandes, de même que les demandes de services découlant d'un contrat à exécution sur demande.
Source : (Secrétariat du Conseil du trésor, 2017[4]).

Afin de promouvoir des procédures plus concurrentielles en dessous des seuils mais aussi l'intégrité du système, certains pays de l'OCDE ont mis en place deux seuils, un au-delà duquel l'entité publique doit recourir à l'AOP et un autre au-delà duquel elle doit recourir à une procédure concurrentielle et simplifiée tel que l'AOI. Au-delà du cadre réglementaire, il est nécessaire d'accompagner les acheteurs en mettant à leur dispositions des guides ou des lignes directrices claires relatives au choix de la procédure et à la détermination des étapes à suivre, l'encadré 3.1 décrit le système mis en place en Irlande qui a établi des lignes directrices applicables à tous les organismes publics afin d'indiquer aux acheteurs quelle procédure suivre selon chaque montant. Le gouvernement du Québec pourrait donc envisager d'uniformiser les règles relatives au mode d'octroi en dessous des seuils en développant des lignes directrices visant à promouvoir les procédures concurrentielles et en incitant les organismes publics et municipaux à introduire un seuil intermédiaire harmonisé au-delà duquel les entités devraient pouvoir utiliser l'AO sur invitation.

Encadré 3.1. Procédures en dessous des seuils en Irlande

En Irlande, « l'Office of Government Procurement – OGP » (le Bureau des acquisitions de l'État) a développé des lignes directrices visant à promouvoir les meilleurs pratiques et l'application des règles de façon uniforme pour les achats de biens et services. L'un des sujets traités par ces lignes directrices est relatif aux procédures en dessous des seuils où différentes procédures sont prévues selon les montants estimés suivants :

- inférieur à 5 000 EUR HT : les contrats peuvent être conclues suite à des devis verbaux de un ou plusieurs fournisseurs potentiels
- entre 5 000 et 25 000 EUR HT : les contrats peuvent être conclus suite à des offres soumissionnées par écrit par au moins 3 fournisseur potentiels
- entre 25 000 EUR HT et le seuil européen d'AO : les contrats doivent être publiés comme une procédure formalisée.

Source : (Office of Government Procurement, 2017[5]).

Harmonisation et rationalisation de l'utilisation d'exceptions aux procédures concurrentielles

Afin de limiter le recours aux exceptions à l'AOP, les bonnes pratiques internationales soulignent que ces exceptions devraient être limitées, prédéfinies et dûment justifiées, et qu'elles devraient faire l'objet d'un contrôle adapté qui tiendrait compte du risque accru d'atteinte à l'intégrité. La clarté du cadre réglementaire par rapport au recours à ces exceptions est donc pour les entités publiques mais aussi pour le secteur privé.

Fournir des règles claires et des lignes directrices pour le recours à toutes les exceptions en particulier pour les notions de « confidentialité et d'information protégée ».

Comme dans tous les cadres réglementaires régissant les marchés publics, le Québec a prévu des exceptions à l'AOP dans des cas spécifiques. Les organismes peuvent recourir au gré à gré ou l'AOI selon ces cas. Bien que certains cas soient communs à plusieurs cadres réglementaires dans les pays de l'OCDE et en dehors, ils nécessitent toutefois des règles claires ou lignes directrices afin de limiter le recours abusif à ces exceptions. Par exemple au Québec il n'y a pas de cadre réglementaire définissant les notions de « confidentialité » ou « d'information protégée » dans le cadre des marchés publics. L'expérience de l'OCDE dans plusieurs pays y compris dans des pays de l'Union européenne ou en Norvège a montré que l'un des principaux problèmes rencontrés par les agents publics est relatif à la définition du terme « confidentiel ». Le fait de déterminer le caractère confidentiel d'une procédure afin d'attribuer un contrat à un fournisseur spécifique a un impact négatif sur la perception de la passation des marchés publics en tant que processus ouvert et équitable (OCDE, 2019[3]). Par conséquent, pour assurer l'efficacité et l'intégrité du système, l'utilisation de cette exception nécessite des règles et des définitions claires. Le gouvernement du Québec pourrait fournir une définition claire et des lignes directrices pour les notions de « confidentialité » et « d'information protégée » afin de limiter le recours abusif à ces exceptions. L'encadré 3.2 décrit les meilleures pratiques internationales relatives à la conduite de procédures ayant des aspects confidentiels.

Encadré 3.2. Confidentialité et procédure de passation des marchés publics

Dans de nombreux pays, la législation prévoit différents niveaux de classification des renseignements confidentiels. En fonction de la classification des documents concernés et de la nécessité de rendre publiques certaines informations avant la soumission des offres, les organismes publics peuvent :

- procéder à une attribution directe du contrat- gré à gré (dans les cas où les informations sont hautement confidentielles)
- utiliser un processus d'AO restreint, durant lequel les fournisseurs participants doivent signer un accord de confidentialité et de non-divulgation pour protéger les renseignements confidentiels ; ou
- recourir à un AO ouvert mais en ne divulguant les informations confidentielles qu'au soumissionnaire retenu.

Source : (OCDE, 2019[3]).

Promouvoir plus de concurrence pour les exceptions à l'AOP

Dans la LCOP, pour certaines exceptions spécifiques, une disposition a été introduite en 2017 où il est mentionné qu'il est possible pour un organisme public d'adjuger le contrat à la suite d'un appel d'offres sur invitation lorsque plus d'un contractant est possible. Plus de dix cas sont prévus par règlements du gouvernement. Cette disposition aura donc un effet positif sur la concurrence et sur l'intégrité du système. En effet, comme décrit dans le graphique ci-dessous, pour la période 2016-2017, avant l'entrée en vigueur de cette nouvelle disposition, les procédures passées par les organismes publics en gré à gré et celles en AOI représentent respectivement 19.5% et 0.7% du montant total des procédures au-dessus des seuils (qui sont donc des exceptions), ce qui montre que l'AOI n'était pas la méthode privilégiée. Pour la période 2017-2018, les procédures passées par voie d'AOI ont augmenté pour atteindre le pourcentage de 4.4% du montant total des procédures au-dessus des seuils alors que celles passées par voie de gré à gré ont diminué et ne représentent plus que 16.9%. Ces chiffres ne traduisent que partiellement les apports bénéfiques de la nouvelle disposition, car elle n'a été réellement mise en application qu'en février 2018. Le gouvernement du Québec devrait donc continuer ses efforts visant à améliorer la concurrence pour l'octroi de contrats publics et de mettre en place des actions, comme l'établissement de règles claires afin de promouvoir davantage l'AOI qui est une procédure plus concurrentielle que le gré à gré.

Graphique 3.2. Pourcentage de procédures utilisées par les organismes publics au-dessus des seuils pour la période 2016-2017 et 2015-2016

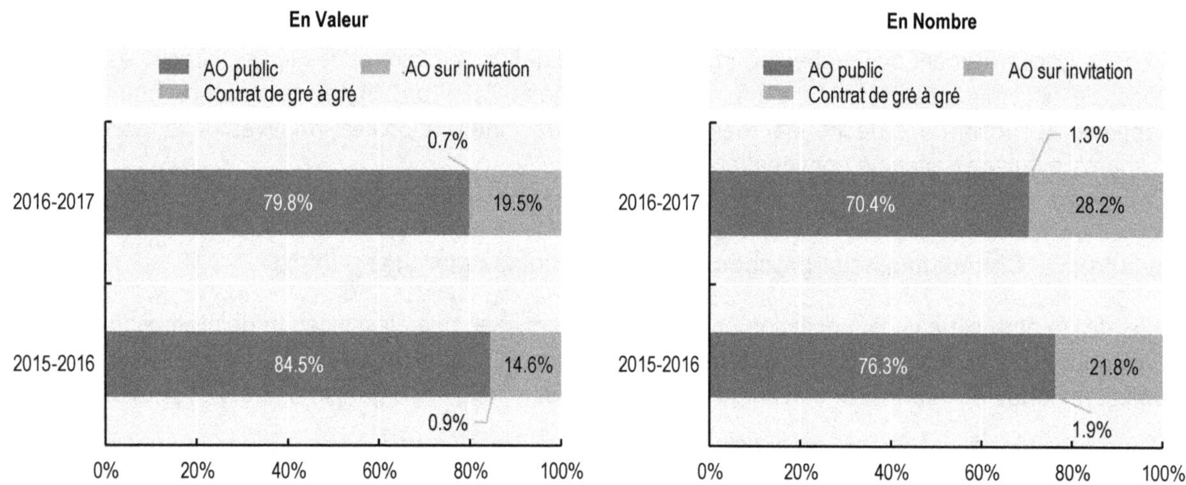

Note : Ces données ne prennent pas en comptes les ententes conclues entre organismes publics ; les ententes d'occupation conclues avec ou par la Société québécoise des infrastructures ; les contrats concernant la gestion du parc immobilier gouvernemental ; les contrats de concession portant sur l'exercice d'une activité commerciale pour le compte du gouvernement et pour laquelle des redevances lui sont versées ; les commandes de biens découlant d'un contrat à commandes, de même que les demandes de services découlant d'un contrat à exécution sur demande.

Source : (Secrétariat du Conseil du trésor, 2017[4]).

De plus, parmi les cas d'exceptions qui sont prévus dans le cadre réglementaire, le gouvernement du Québec pourrait entreprendre certains d'entre eux par voie d'AOP ou d'AOI :

- les contrats relatifs aux services juridiques - LCOP et ses règlements
- les contrats de services financiers ou bancaires - LCOP et ses règlements.

En effet, le cadre réglementaire permet à un organisme public de conclure ces contrats par voie de gré à gré, ce qui ne l'empêche pas de recourir à une procédure plus concurrentielle tel que l'AOI ou l'AOP. Cependant, ces secteurs sont suffisamment concurrentiels pour que ces procédures se fassent par voie d'AOP. Par exemple sur le registre des entreprises du Québec, plus de 500 entreprises ont une activité liée aux services juridiques. De plus, dans des cas très spécifiques et justifiés, tel que des contrats nécessitants un degré de confidentialité élevé ou des prestations très pointues dans le domaine juridique ou bancaire, un organisme public pourrait toutefois recourir à l'exception « confidentialité » ou « fournisseur unique ». Des pays tels que le Royaume-Uni ont mis en place des accords-cadres multi-attribués pour pouvoir répondre à ce type de besoin afin de promouvoir la concurrence et limiter les risques d'atteinte à l'intégrité (encadré 3.3).

Encadré 3.3. Avantage de l'accord-cadre sur les services juridiques au Royaume-Uni

Un accord-cadre a été mis en place par le « Crown Commercial Service », la centrale d'achat du Royaume Uni, pour la fourniture de services de conseil juridique pour les entités publiques du gouvernement central. Il n'existe pas de valeur limite minimal ou maximale pour l'utilisation de l'accord-cadre; cependant, les contrats dont la valeur est inférieure à 20 000 GBP peuvent en être exemptés. Les fournisseurs de l'accord cadre sont divisés en 2 catégories selon leur taille et leur degré d'expertise.

L'utilisation de cet accord-cadre a permis aux entités publiques de bénéficier de plusieurs avantages et bénéfices: tarifs compétitifs, facilité d'utilisation, gestion de la relation fournisseur, périmètre élargi.

Source : adapté de (Crown Commercial Service, 2017[6]).

Harmoniser les exceptions aux AOP entre le cadre réglementaire auxquels sont soumis les organismes publics et celui des organismes municipaux

Au Québec, pour les organismes publics, les exceptions sont prévues dans la LCOP mais aussi dans ses règlements. Pour les organismes municipaux, toutes les exceptions sont prévues à la aux lois afférentes (LCV, CM, Loi sur les sociétés de transports, Loi sur la Communauté métropolitaine de Québec et Loi sur la Communauté métropolitaine de Montréal). Les deux cadres réglementaires régissant les exceptions aux AOP semblent en phase avec les accords internationaux auxquels les organismes publics et municipaux sont assujettis. Cependant, il existe certaines différences entre les exceptions prévues dans les deux cadres réglementaires. Par exemple la LCV, contrairement à la LCOP ne prévoit pas d'exceptions relatives à une situation d'urgence, ou pour des raisons de confidentialité. De plus, certaines exceptions telle que celle relative au fournisseur unique sont plus détaillées dans les lois municipales par rapport à la LCOP. Bien que pouvant avoir des typologies d'achat différentes, une certaine homogénéité y compris en terme de vocabulaire devrait être assurée afin de clarifier le cadre réglementaire pour le secteur privé ce qui permet de favoriser l'environnement concurrentiel et de diminuer les risques d'atteinte à l'intégrité. Le gouvernement du Québec devrait mener une réflexion afin d'harmoniser les exceptions aux AOP entre les différents cadre réglementaires

Distinguer clairement les exceptions aux AOPs et celle relevant des exclusions et exemptions au cadre réglementaire régissant les marchés publics

En plus des exceptions aux procédures d'AOP, plusieurs cadres réglementaires des pays de l'OCDE prévoient également des cas d'exclusions et d'exemptions au cadre régissant les marchés publics. Les exclusions concernent généralement certaines catégories d'achats ou de dépenses qui ne peuvent entrer dans le champ d'application du cadre juridique des marchés publics du fait de transactions qui ne correspondent pas à un processus d'achat public typique. Cependant, ces exclusions sont tenues de suivre les principes du cadre réglementaire. Quant aux exemptions, elles concernent la manière dont la loi s'applique aux organismes publics et municipaux, y compris ceux qui ne sont pas tenus de suivre strictement le cadre réglementaire (OCDE, 2019[3]). Le cadre réglementaire du Québec ne prévoit que des exceptions aux procédures d'AOP et ne distingue pas clairement les cas d'exclusions ou d'exemptions comme dans de nombreuses réglementations régissant les contrats publics. Par exemple, les contrats d'approvisionnement, de services, de travaux de construction ou en matière de technologies de l'information, pour les activités à l'étranger d'une délégation générale, d'une délégation ou d'une autre organisation permettant la représentation du Québec à l'étranger sont considérés dans de nombreuses réglementations de l'OCDE comme des exclusions. Le gouvernement du Québec gagnerait à distinguer clairement les procédures relevant des exceptions aux AOP et celles relevant des exclusions et des exemptions au cadre réglementaire régissant les marchés publics. L'encadré 3.4 fournit un exemple de procédures exclues du cadre réglementaire régissant les marchés publics en France.

Encadré 3.4. Les exclusions du Code de la commande publique

Le livre V du Code de la commande publique entré en vigueur le 1er avril 2019 contient une liste d'exclusions applicables aux marchés publics (chapitre II du titre I du livre V). Certains contrats ne sont ainsi pas soumis aux dispositions du Code, notamment :

- **Pour des raisons tenant à la qualité de l'acheteur**: dans le cadre d'un marché public de service, lorsqu'un un acheteur bénéficie d'un droit exclusif, c'est-à-dire lorsqu'il se voit confier par un acte législatif ou réglementaire une mission d'intérêt général (Article L2512-4).
- **Pour des raisons tenant à l'objet du contrat** : les marchés publics relatifs à des services d'acquisition ou de location d'immeuble, à la recherche et développement, à l'arbitrage et à la conciliation, aux services relatifs au transport de voyageurs par chemin de fer ou par métro, à certains services financiers et services qui sont des contrats d'emprunt , à certains services juridiques, aux marchés publics exigeant le secret ou nécessitant des mesures de sécurité particulières, ainsi que les marchés relatifs aux communications électroniques ne sont pas soumis aux dispositions du Code (Articles L2512-3, L2512-5 et L2513-2).
- **Pour des raisons tenant à l'objet du contrat et la qualité du co-contractant**: certains services d'urgence attribués à une organisation ou une association à but non lucratif, ainsi que les marchés publics attribués à des éditeurs de services de communication audiovisuelle ou radiophonique, sont exclus du champ d'application (Articles L2512-5 ; L2513-1).
- **Pour des raisons tenant à l'objet du contrat et l'activité du pouvoir adjudicateur**: les marchés publics de services attribués par un pouvoir adjudicateur qui fournit des services postaux, des services de communication audiovisuelle ou radiophonique, exerçant une activité d'exploration d'un aire géographique dans un but de prospection de pétrole ou de gaz, ou d'opérateur de réseaux, sont par exemple exclus du champ d'application (L2513-1, L2513-3, L2513-4, L2513-5).
- **Pour des raisons tenant à** l'application d'une procédure prévue par un accord international ou propre à une organisation internationale (Articles L2512- 1 et L2512-2).

Source : adapté de (Governement de France, 2019[7]).

Continuer les efforts visant à renforcer les contrôles opérés pour l'utilisation des exceptions aux procédures concurrentielles

D'après le cadre réglementaire la plupart des exceptions aux procédures concurrentielles (fournisseur unique, confidentialité, intérêt public), doivent être justifiées et autorisées par le dirigeant de l'organisme public/municipal. Ces organismes doivent mettre en place des dispositions de contrôle relatives au montant de tout contrat et de toute dépense supplémentaire qui s'y rattache, plus particulièrement lorsqu'il s'agit d'un contrat conclu de gré à gré. Il n'existe pas d'organisme indépendant chargé d'examiner et d'autoriser le recours à ces exceptions au niveau de chaque organisme. Le SCT exerce son pouvoir de veille sur le SEAO pour vérifier, de façon aléatoire, le respect des règles concernant le processus de passation des marchés, notamment dans les cas d'exceptions à l'AOP. De nombreux efforts ont étaient accomplis par le Québec afin de limiter le recours abusif aux exceptions. Ainsi pour 2016-2017, 96% des contrats de gré à gré conclus par les organismes publics analysés étaient justifiés par la bonne disposition légale ou réglementaire. Cependant les données varient selon les secteurs, par exemple pour les organismes du réseau de la santé et des services sociaux, ce chiffre est à 92%, ce qui appelle au renforcement des contrôles internes opérés pour l'utilisation des exceptions aux procédures concurrentielles afin de se rapprocher au maximum des 100%.

Utilisation de critères de sélection et d'adjudication qui empêchent la corruption et les ententes entre les soumissionnaires

Le choix des critères de sélection et d'attribution, ainsi que leurs pondérations respectives ont un impact direct sur la concurrence et représentent également un domaine à haut risque en termes d'intégrité. En effet, ces critères peuvent être manipulés pour attribuer un marché à un fournisseur particulier. La prévisibilité du contenu des dossiers d'AO et en particulier les spécifications techniques et les critères de sélection et d'attribution favorise également le risque d'entente. C'est pour cela que la Recommandation du conseil de l'OCDE sur la lutte contre les soumissions concertées dans les marchés publics préconise d'adopter des critères de sélection conçus pour renforcer l'intensité et l'efficacité de la concurrence lors de la procédure d'adjudication (OCDE, 2012[8]).

Pour la centralisation des informations sur le rendement des fournisseurs

Des initiatives positives mises en place par les différents organismes visant à améliorer la sélection des fournisseurs peuvent produire davantage de bénéfices si les informations sont centralisées.

Publier de façon centralisée les informations sur le rendement des fournisseurs

Afin de pouvoir obtenir un contrat public au Québec, certaines conditions d'admissibilité sont prévues dans les différentes lois et règlements selon l'objet du contrat et son ampleur tels que : posséder les qualifications, les autorisations, les permis, les licences, les enregistrements, les certificats, les accréditations et les attestations nécessaires (voir la section « L'utilisation de contrôles accrus sur l'intégrité des entreprises souhaitant conclure des contrats avec des organismes publics et municipaux pour les normes et homologations » dans le chapitre 4 et la section « La définition de relations contractuelles stratégiques avec le secteur privé : un vecteur de lutte contre la corruption » dans le chapitre 5 pour l'autorisation de l'AMP). En plus des conditions d'admissibilité et en ligne avec les bonnes pratiques internationales le Québec a également introduit des conditions d'inadmissibilité : une entreprise qui est déclarée coupable en vertu d'un jugement définitif d'une des infractions prévues à l'annexe I de la LCOP est inadmissible aux contrats publics pour une durée de cinq ans à compter du moment où cette déclaration est consignée au registre des entreprises non admissibles aux contrats publics - RENA. Ces infractions incluent des actes de corruption, de fausses déclarations, de fraude envers le gouvernement, et autre cas d'atteinte à l'intégrité. Ce registre qui est tenu par le président du conseil du trésor est consultable en ligne : au 19/07/2018, 764 entreprises y figurent dont 26% dans le domaine de la construction.

Une évaluation objective de la performance d'un fournisseur peut permettre d'identifier des irrégularités dans l'exécution du contrat et peut constituer un système d'alerte pour des cas d'atteinte à l'intégrité si ces informations sont centralisées. Au Québec, une bonne pratique qui est reflétée dans les règlements et lois consiste à utiliser l'évaluation de rendement insuffisant d'un fournisseur pour se réserver la possibilité de refuser sa participation dans une procédure. Pour les contrats en matière de technologies de l'information, les organismes publics doivent également consigner dans un rapport l'évaluation du fournisseur pour les contrats d'un montant supérieur à 100 000 USD, qu'elle soit positive ou négative. Cette disposition n'est pas prévue dans tous les règlements de la LCOP, le gouvernement du Québec gagnerait donc à la généraliser. De plus, comme indiqué à la section « Utiliser un environnement normalisé pour identifier les risques de corruption lors de la phase d'exécution contractuelle » dans le chapitre 5, ce système n'est pas centralisé dans le sens où le rendement insuffisant d'un fournisseur avec une entité donnée ne peut être utilisé par une autre entité. Dans la perspective d'améliorer le système en place et comme prévu dans la Loi favorisant la surveillance des contrats des organismes publics et instituant l'Autorité des marchés publics- l'AMP- adoptée le 1er décembre 2017, l'AMP a pour mission de centraliser les évaluations de rendement des contractants pour que les organismes publics et municipaux puissent s'en servir lors de l'évaluation des soumissionnaires. Néanmoins pour que cette disposition soit effective, un décret d'application doit être adopté; le gouvernement du Québec gagnerait donc à mettre en place ce système le plus rapidement possible afin d'améliorer l'efficience et l'intégrité du système.

Des critères d'adjudication qui vont au-delà du critère prix

La Recommandation n°2 de la Commission Charbonneau promeut l'utilisation des règles d'adjudication adaptées à la nature des travaux; Les critères d'adjudication devraient donc être choisis de façon à limiter le risque de collusion et de corruption mais aussi de façon à promouvoir la concurrence.

> *Promouvoir l'utilisation de critères d'attribution multiples et intégrer la notion de « l'offre la plus économiquement avantageuse » afin de diminuer la prévisibilité de l'offre.*

Au Québec différentes règles s'appliquent selon l'objet du contrat. Par exemple, en matière de contrats de services professionnels liés à la construction, les organismes publics ont l'obligation d'acquérir les services d'architectes et d'ingénieurs en considérant uniquement la qualité de la soumission car le tarif décrété par le gouvernement est appliqué obligatoirement.

De plus, pour ces organismes, c'est la règle du plus bas soumissionnaire conforme qui s'applique en général. Des règles permettant l'évaluation de la qualité de la soumission dans certains cas très particuliers existent, cependant dans la pratique c'est le critère prix qui est le plus utilisé, ce qui augmente le risque de collusion et de corruption dû à la prévisibilité du critère d'adjudication. Les données transmises par le SCT, indiquent qu'uniquement 15% des contrats des organismes publics conclus entre 2014 et 2017 intègrent un critère qualité. Des travaux sont actuellement en cours pour proposer aux organismes publics de nouvelles règles et pratiques contractuelles afin de leur offrir un plus large éventail d'outils qui leur permettront d'adapter leur stratégie d'acquisition en fonction des caractéristiques et des particularités propres à chaque contrat à réaliser (pondération variable des critères de qualité et de prix).

Au Québec, pour les organismes publics et municipaux, le cadre réglementaire permet d'évaluer le prix mais aussi la qualité. Le concept de l'offre économiquement la plus avantageuse inclue les critères prix, qualité mais aussi d'autres critères qui ne sont pas directement ou séparément pris en compte par les organismes publics au Québec tels que des critères techniques, esthétique, environnementaux, sociaux, d'assistance techniques, etc. En effet, ces critères pourraient en théorie être pris en compte dans l'un des sous-critères « qualité ». De plus, en ne notant pas les aspects techniques, les organismes publics et municipaux n'encouragent pas la concurrence et l'innovation. Le cadre réglementaire des organismes municipaux détaille davantage les critères d'attribution en prévoyant d'utiliser « un système de pondération et d'évaluation des offres en vertu duquel chacune obtient un nombre de points basé, outre le prix, sur la qualité ou la quantité des biens, des services ou des travaux, sur les modalités de livraison, sur les services d'entretien, sur l'expérience et la capacité financière requises de l'assureur, du fournisseur ou de l'entrepreneur ou sur tout autre critère directement relié au marché ». Le gouvernement du Québec pourrait promouvoir l'utilisation de critères d'attribution multiples au-delà du critère prix ou coût total d'acquisition et de la qualité, et considérer la possibilité d'intégrer la notion « d'offre la plus économiquement avantageuse » au cadre réglementaire afin d'inciter à une plus grande concurrence et diminuer le risque de prévisibilité des AOs. De plus, des lignes directrices relatives à l'utilisation des différents critères pourraient être développées pour tous les secteurs d'activité afin de guider les acheteurs publics dans leurs choix de critères.

Encadré 3.5. Critères d'attribution des marchés publics dans la Directive européenne sur la passation des marchés publics

La Directive du Parlement européen et du Conseil sur la passation des marchés publics (2014/24/UE) permet aux pouvoirs adjudicateurs de tenir compte de critères qualitatifs, environnementaux et sociaux pour attribuer un marché public. En effet, selon l'article 67 de la Directive, les organismes publics se fondent, pour attribuer les marchés publics, sur *« l'offre économiquement la plus avantageuse »*. Celle-ci est déterminée sur la base du prix ou du coût selon une approche fondée sur un rapport coût/efficacité, qui permet d'évaluer certains aspects qualitatifs, environnementaux et sociaux liés à l'objet du marché public concerné.

Les pouvoirs adjudicateurs peuvent ainsi considérer les critères suivants, en précisant dans les documents de marché la pondération relative attribuée à chacun d'entre eux :

1. **La qualité** de l'offre: les critères peuvent concerner la valeur technique, les caractéristiques esthétiques et fonctionnelles, l'accessibilité, la conception pour tous les utilisateurs, les caractéristiques sociales et environnementales et innovantes, la commercialisation et ses conditions (Article 67 – 2°a).
2. **L'organisation, les qualifications et l'expérience du personnel** assigné à l'exécution du marché : ces critères peuvent être pris en compte s'ils ont une influence significative sur le niveau d'exécution du marché (Article 67 – 2°b).
3. **Le service après-vente, l'assistance technique et les conditions de livraison**, telles que la date de livraison, le mode de livraison et le délai de livraison ou d'exécution (Article 67 – 2°c).

Source : (Commission européenne, 2014[9]).

Considérer le critère coût total d'acquisition au lieu du critère prix afin de s'assurer de la comparabilité réelle des offres et instaurer un Comité de sélection lors de l'utilisation du critère prix

Lors de l'utilisation du critère prix, il faudrait s'assurer que la notion de coût total d'acquisition ou coût total du cycle de vie, CTCV (*life cycle costing*) soit utilisée. Cette approche est promue dans plusieurs pays y compris dans les pays soumis aux Directives Européennes (l'encadré 3.6 fournit l'exemple du Luxembourg). En effet, l'intégration des différents coûts permet d'assurer une meilleure comparabilité des offres et de limiter le risque d'atteinte à l'intégrité. Au Québec, malgré l'intégration de cette approche dans certains règlements (Règlement sur certains contrats d'approvisionnement des organismes publics,RCAOP et du Règlement sur les contrats des organismes publics en matière de technologies de l'information, RCOPTI), son utilisation reste très limitée. Le gouvernement du Québec pourrait mener des actions de sensibilisation et de renforcement des capacités afin d'assurer une dissémination et utilisation plus importante de ce concept. Les Responsables de l'application des règles contractuelles, RARCs pourraient jouer un rôle important dans la promotion de l'utilisation du CTCV.

Encadré 3.6. Le coût total du cycle de vie au Luxembourg

Au Luxembourg, un article spécifique (Article 37) de la Loi du 8 avril 2018 sur les marchés publics définit clairement la notion du Coût du cycle de vie : il couvre, dans la mesure où ils sont pertinents, tout ou partie des coûts suivants du cycle de vie d'un produit, d'un service ou d'un ouvrage :

a. les coûts supportés par le pouvoir adjudicateur ou d'autres utilisateurs, tels que :
   - les coûts liés à l'acquisition,
   - les coûts liés à l'utilisation, tels que la consommation d'énergie et d'autres ressources,
   - les frais de maintenance,
   - les coûts liés à la fin de vie tels que les coûts de collecte et de recyclage.
b. les coûts imputés aux externalités environnementales liés au produit, au service ou à l'ouvrage pendant son cycle de vie, à condition que leur valeur monétaire puisse être déterminée et vérifiée.

Lorsque les pouvoirs adjudicateurs évaluent les coûts selon une méthode basée sur le cycle de vie, ils indiquent dans les documents de marché les données que doivent fournir les soumissionnaires et la méthode qu'utilisera le pouvoir adjudicateur pour déterminer le coût du cycle de vie sur la base de ces données.

Source : (Le gouvernement du Grand-Duché du Luxembourg, 2018[10]).

Pour toutes les procédures d'AO qui intègrent un critère qualité, un comité de sélection se réunit afin d'évaluer la qualité des différentes offres soumissionnées. Cependant lorsque le critère prix est utilisé, il n'est pas prévu de comité ou autre mécanisme permettant de s'assurer que les décisions relatives à la conformité technique et administrative de l'offre ne soient pas prises par une seule personne. Le gouvernement du Québec devrait donc réfléchir à instaurer un comité ou autre mécanisme pour les AO incluant uniquement le critère prix visant à évaluer la conformité des offres.

Pour une plus grande transparence dans le système de gestion contractuelle des marchés publics

La transparence est un mécanisme clé pour renforcer l'intégrité du système de passation des marchés publics ainsi que pour atténuer les risques inhérents aux marchés publics. Il s'agit d'un principe fondamental de la Recommandation de l'OCDE sur les marchés publics et de la Recommandation de l'OCDE sur l'intégrité public (OCDE, 2015[1]; OCDE, 2017[11]). En effet, la divulgation des informations sur les processus de gestion contractuelle contribue à identifier et atténuer ensuite la mauvaise gestion, la fraude et la corruption, mais aussi à augmenter la responsabilisation des donneurs d'ordre. La transparence assure également le traitement juste et équitable des fournisseurs potentiels, tout en fournissant les informations nécessaires au grand public. Au Québec la transparence est l'un des principes que vise à promouvoir le cadre réglementaire régissant les marchés publics. Cependant, plusieurs recommandations de la Commission Charbonneau visent à améliorer la transparence dans les marchés publics.

Améliorer la transparence et le partage d'informations relatifs à tout le cycle de gestion contractuelle.

Un système de gestion contractuel efficient et intègre nécessite un degré adéquat de transparence à toutes les étapes du cycle de gestion contractuelle et que les informations importantes et pertinentes soient accessibles facilement à toutes les parties prenantes.

Publier tout le cadre réglementaire régissant les marchés publics au Québec sur une même page web

Le cadre réglementaire régissant la gestion contractuelle relative aux organismes publics est publiés sur le site du SCT où sont listés les différentes lois, règlements et décrets régissant les marchés publics au Québec. Celui encadrant le milieu municipal est quant à lui publié sur le site du MAMH puisque les lois encadrant les municipalités sont sous la responsabilité de la ministre des Affaires municipales et de l'Habitation et non du président du Conseil du trésor. Cependant ne sont pas accessibles sur la même page les lois municipales bien qu'un lien existe entre le site du SCT et celui du MAMH. Pour s'assurer de la clarté du cadre réglementaire, tous les textes réglementaires devraient être listés et accessibles à partir d'une même page web.

Fournir plus d'informations sur la gestion contractuelle, en particulier pour la phase amont et la phase exécution du contrat :

Les risques d'atteinte à l'intégrité sont présents tout au long du cycle de la gestion contractuelle. En effet, la publication d'informations sur le système de gestion contractuelle mais aussi sur chaque procédure d'achat permet un meilleur suivi des dépenses publiques par différentes parties prenantes. Au Québec plusieurs documents et informations sont disponibles sur le SEAO. Cependant la transparence pourrait être améliorée en particulier pour la phase de pré-soumission et lors de l'exécution du contrat.

Phase de pré-soumission :

En termes de bonnes pratiques il est recommandé aux entités de publier à l'avance leurs plans d'achat et de publier des avis d'information préalable afin que les opportunités d'achat soient mieux connues par les fournisseurs potentiels et qu'ils soient mieux préparés à répondre aux AOs, ce qui permet de créer un environnement plus concurrentiel et de diminuer donc les risques d'atteinte à l'intégrité (OCDE, 2018[12]). Au Québec, la documentation de la section Pré-soumission est propre à chaque organisme. Le SEAO peut permettre aux entreprises d'accéder à un site web qui offre des services à valeur ajoutée dans le domaine de la construction, notamment la diffusion d'un avant-projet, présentant une description sommaire d'un projet planifié par un organisme public ou une entreprise privée. Cependant, cet abonnement concerne uniquement le domaine de la construction et il est payant. Le gouvernement du Québec devrait donc réfléchir à imposer à tous les organismes publics et municipaux l'obligation de publier leur plans d'achat et de publier lorsque c'est pertinent les avis préalables d'information et que l'accès à ces informations soit gratuit dans la nouvelle version du SEAO qui sera implantée en 2022. En attendant, le gouvernement du Québec pourrait inciter les organismes publics et municipaux à publier leurs plans d'achat sur leurs sites web respectifs. L'encadré 3.7 décrit le système mis en place en Australie.

Encadré 3.7. La publication des plans d'achat en Australie

En Australie, les organismes gouvernementaux sont tenus, en vertu des règles de passation de marchés du Commonwealth (*Commonwealth Procurement Rules*), de publier un plan d'achat annuel (*Annual Procurement Plan*). Ce plan est publié sur un système d'information centralisé en matière de marchés publics du gouvernement australien, AusTender, et doit contenir les éléments suivants :

- Un énoncé des perspectives d'acquisitions de l'agence (*Strategic Procurement Outlook Statement*) qui présente le rôle de l'agence ainsi que ses principaux dossiers stratégiques ou d'envergure pour lesquels elle anticipe le recours aux marchés publics ;
- Une brève description des marchés publics prévus pour l'année à venir (*Planned Procurements*).

Tous les plans sont accessibles sur le site web d'AusTender. Ils peuvent être révisés ou annulés, et ne constituent pas une demande de soumissions ou un engagement à acheter les biens et services décrits.

Source : (OCDE, 2016[2]).

Dans le cas du gré à gré, la publication d'un avis d'intention en cas de fournisseur unique est obligatoire pour tous les organismes à partir de mai 2019. En effet, cette disposition est considérée comme une bonne pratique car elle permet de s'assurer de l'absence réelle de concurrence en permettant à d'autres fournisseurs de se manifester et de suspendre la procédure de gré à gré le cas échéant. Cependant pour que cette stratégie soit effective il est nécessaire que les fournisseurs potentiellement capables de remettre en cause cette procédure soient informés de son existence. Un système d'alerte, sur le modèle de celui existant pour les avis relatifs aux AOP, permettrait d'informer les fournisseurs potentiels. Dans le cadre du développement de nouvelles fonctionnalités pour le SEAO, il est donc primordial que le gouvernement du Québec poursuive son objectif d'introduire un tel système d'alertes.

De plus, les avis publiés sur le site proviennent notamment des ministères et des organismes publics, ceux du réseau de la santé et des services sociaux, des organismes du réseau de l'éducation et des municipalités du Québec, lesquelles font également distribuer leurs documents d'appel d'offres par l'intermédiaire du SEAO. Cependant les sociétés d'États n'ont qu'une obligation de publier les avis d'AO. Le gouvernement du Québec devrait donc réfléchir à rendre obligatoire pour les sociétés d'État l'utilisation du SEAO pour la publication de tous les avis ainsi que les documents d'AO.

Phase de l'exécution du contrat :

Au Québec, chaque organisme public ou municipal possède son propre système de suivi de l'exécution des contrats. Il n'y a donc pas de partage en temps réel d'informations sur les opérations d'achat entreprises par les entités publiques. Dans le cadre des travaux qui sont actuellement en cours pour définir les besoins d'une nouvelle version du SEAO qui sera implantée en 2022, le gouvernement du Québec pourrait donc réfléchir à développer un système d'information qui permet de fournir des données ouvertes, partageables, réutilisables sur les marchés publics tout au long du cycle de la gestion contractuelle en commençant par l'étape de planification pour tous les organismes afin de diminuer les risques d'atteinte à l'intégrité et d'améliorer la transparence et la confiance de ces citoyens.

En effet, lors de cette phase, il peut y avoir un écart entre les achats planifiés et ceux effectivement réalisés en terme de dépenses ou de délais. Il est donc du devoir des gouvernements de fournir à la société civile mais aussi à toute partie prenante des informations claires sur comment est dépensé l'argent des contribuables. Plusieurs initiatives visent à promouvoir ce type de standards, c'est le cas notamment de l'initiative des « standards des marchés ouverts » (Open Contracting Standards). En effet, de nombreux pays ont mis en place de tels standards afin d'améliorer la reddition des comptes, la transparence et l'intégrité de leur système. C'est le cas du projet « OpenCantieri » mis en place pour les projets d'infrastructure en Italie (voir encadré 3.8).

Encadré 3.8. Le projet « Open Cantieri » en Italie

OpenCantieri est un projet promu et géré par le ministère des Infrastructures et des Transports (MIT) qui présente des informations ouvertes, complètes et à jour sur le processus de construction des infrastructures publiques.

Les données produites et exposées par des sources publiques sont intégrées dans une plate-forme unique avec des résumés et des vues spécifiques. L'information est entièrement accessible et peut être téléchargée via la page de données ouvertes du MIT.

Pour chaque projet d'infrastructure public, il est possible d'accéder à plusieurs informations y compris :

1. l'étape de réalisation du projet
2. le financement et le coût réel
3. les éventuels retards de réalisation ainsi que des explications le cas échéant
4. le nombre de jours de travail réellement consacrés à ce projet.

Source : (Ministère des Infrastructures et des Transports, Italie, 2018[13]).

De plus, lors de cette phase, la seule obligation des organismes publics et municipaux est de publier toute dépense supplémentaire découlant d'une modification du contrat excédant de plus de 10% le montant initial payé par l'organisme mais aussi le montant final payé à la fin du contrat. Cependant, le prix n'est pas le seul élément qui peut être modifié dans un contrat et qui peut impacter l'environnement concurrentiel d'un marché particulier. En effet, par exemple, une modification des délais de livraison, de la qualité des biens et services et travaux publics peuvent avoir un impact clair sur l'environnement du marché. Le cadre réglementaire souligne le fait qu'un « contrat peut être modifié lorsque la modification en constitue un accessoire et n'en change pas la nature », cependant cette analyse dépend d'une appréciation individuelle et risque de ne pas être appliquée de façon uniforme. Afin d'améliorer la transparence du système et de renforcer la confiance des citoyens, il serait donc opportun pour le gouvernement du Québec de publier toute modification de contrat.

Éviter le recours aux ouvertures publiques des offres afin de diminuer le risque d'ententes entre soumissionnaires

Au Québec, l'ouverture des soumissions est publique. Cependant, comme mentionné dans la Recommandation de l'OCDE sur les soumissions concertées, il faut « Concevoir la procédure d'adjudication de façon à réduire les possibilités de communication entre soumissionnaires soit avant la procédure, soit au cours de celle-ci » (OCDE, 2012[8]). En effet, la communication directe entre les fournisseurs doit être limitée autant que possible afin de réduire les risques de collusion. Le gouvernement du Québec devrait donc mener une réflexion afin de limiter le recours aux ouvertures publiques tout en mettant en place des mécanismes qui assurent le bon déroulement de cette étape. L'un de ces mécanismes est de mener les procédures de gestion contractuelle sous format dématérialisé. Ainsi, il n'y a plus besoin d'organiser une ouverture publique des plis (voir section « Vers une plus grande digitalisation du système de gestion contractuelle au service de l'intégrité »).

Fournir des informations et des statistiques consolidées sur tout le système de gestion contractuelle au Québec

Actuellement, les informations concernant le système de gestion contractuelle peuvent être trouvés principalement dans le rapport statistique sur les contrats des organismes publics. Il n'y a pas d'informations similaires au niveau municipal. Le gouvernement du Québec devra donc réfléchir à fournir des données statistiques consolidées. En plus d'informations descriptives, il est important d'y inclure des indicateurs de suivi de la performance du système de gestion contractuelle en général y compris les indicateurs liés aux plaintes. Plusieurs pays de l'OCDE fournissent des rapports détaillés sur le système de gestion contractuelle, par exemple au Chili, le rapport annuel sur la gestion des comptes publics en relation aux marchés publics inclue différentes données chiffrées, indicateurs mais aussi des informations sur les développements actuels du système basés sur trois axes stratégiques : efficience et compétitivité, probité et transparence et accès aux opportunités d'achat (ChileCompra, 2017[14]).

Vers une plus grande digitalisation du système de gestion contractuelle au service de l'intégrité

L'utilisation des technologies numériques dans le secteur public est également un facteur d'efficacité et soutient une mise en œuvre efficace des politiques et de leur suivi. La digitalisation permet d'accroître la transparence, faciliter l'accès aux marchés publics et d'améliorer l'intégrité en réduisant l'interaction directe entre les agents en charge des marchés publics et les entreprises. De plus, elles peuvent permettre de faciliter la détection des irrégularités et des actes de corruption, tels que les manipulations de soumission des offres (OCDE, 2016[2]).

Intégrer des fonctionnalités additionnelles au SEAO et prévoir des échéances claires pour l'utilisation obligatoire de la soumission électronique des offres

Reconnaissant les avantages de la gestion contractuelle électronique (*e-procurement*), les pays dématérialisent de plus en plus leurs processus de gestion contractuelle, couvrant l'intégralité du cycle de la gestion contractuelle. Le graphique 3.3 décrit les fonctionnalités principales couvertes par ces systèmes dans certains pays de l'OCDE.

Graphique 3.3. Fonctionnalités des systèmes de passation de marchés électroniques dans les pays de l'OCDE

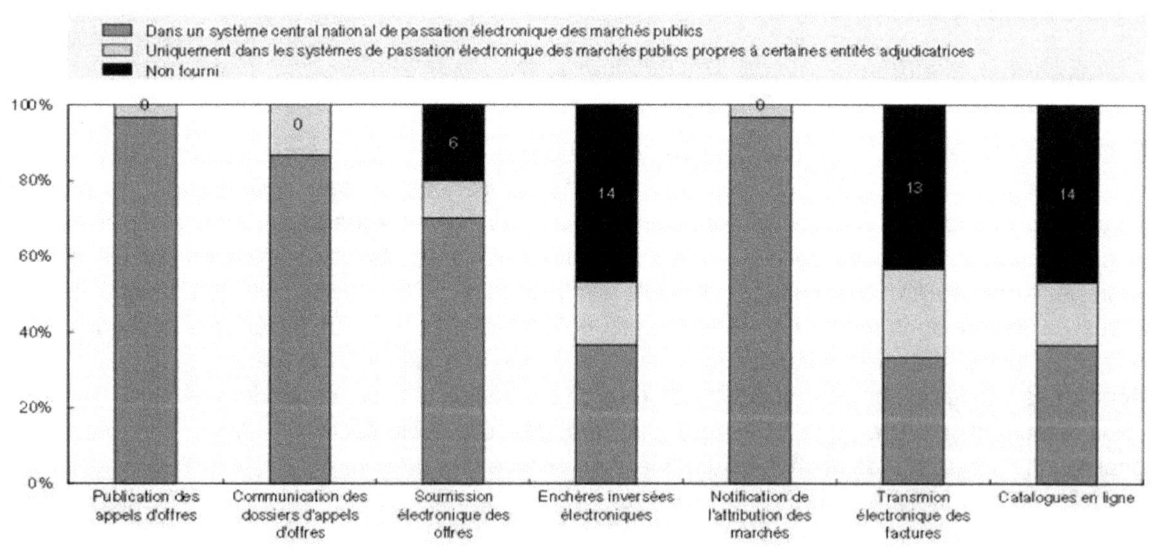

Source : (OCDE, 2017[15]).

Le Québec dispose du système électronique d'appels d'offres (SEAO). En termes de fonctionnalités, le SEAO semble être utilisé principalement comme une plateforme de publication des avis et documents relatifs aux marchés publics. En effet, la publication des documents d'AOP au SEAO est obligatoire pour tous les organismes publics, à l'exception des entreprises du gouvernement (avis d'appel d'offres seulement). Les résultats des AOP doivent également être obligatoirement publiés au SEAO lorsque cette procédure est utilisée.

Plusieurs formules d'abonnement sont possibles avec des prix mensuels variant entre 6.65 USD à 119.95 USD. La formule gratuite consiste uniquement à consulter certains documents/ informations. Le système ne dispose pas encore de certaines fonctionnalités clés d'un système en ligne avec les meilleures pratiques internationales; en particulier les enchères électroniques inversées, les catalogues électroniques et la transmission électronique des factures. Au vu de leurs avantages en termes d'efficacité et d'intégrité, le gouvernement du Québec devrait envisager d'intégrer ces fonctionnalités dans les futurs développements du SEAO. Conformément à la Recommandation 1 de la commission Charbonneau, la responsabilité d'établir les règles de fonctionnement du SEAO sera transférée à l'Autorité six mois après l'entrée en fonction du PDG qui devra agir conjointement avec le SCT.

Une fonctionnalité clé pour l'amélioration de l'intégrité dans le système de gestion contractuel est la soumission électronique des offres car elle permet de réduire le contact entre les agents publics et les fournisseurs et permet également d'améliorer l'efficience du système et d'accroitre la concurrence. Le Québec a introduit cette fonctionnalité le 18 juin 2018, toutefois, la réglementation en vigueur n'oblige pas les soumissionnaires et les organismes publics à utiliser cette fonctionnalité. De plus, aucune approche progressive n'est prévue pour la généralisation de la soumission électronique des offres. Le gouvernement du Québec devrait prévoir des échéances claires pour que les soumissionnaires envoient leurs offres électroniquement pour toutes les procédures, quel que soit leur montant. Par exemple, les directives européennes relatives aux marchés publics publiées en 2014 ont prévues des échéances claires pour l'utilisation de la soumission électronique : à partir du 1er avril 2017 pour les centrales d'achat et, à partir du 1er octobre 2018, pour tous les autres acheteurs (Commission européenne, 2018[16]). La soumission électronique des offres pourra permettre également au gouvernement du Québec de collecter de façon centralisée les données sur les soumissionnaires, fournisseurs potentiels, et mettre en place des indicateurs clé de performance et d'identifier certains signaux d'alerte liés à des actes de collusion ou de corruption.

Développer un système électronique pour les dépenses en dessous du seuil minimal

La publication des résultats de tout contrat sur le SEAO n'est actuellement obligatoire que pour les contrats avec une dépense égale ou supérieure à 25 000 USD. Les informations sur les dépenses inférieures à ce seuil sont uniquement disponibles dans le système d'informations interne de chaque organisme public/municipal mais aussi dans le cadre de l'étude des crédits à l'Assemblée nationale, ce qui rend impossible l'exploitation de ces données de façon centralisée. Afin de pouvoir collecter des données, et assurer l'intégrité du système pour ces dépenses, le Gouvernement du Québec pourrait développer à termes un module dans le SEAO ou un système électronique spécifique. En effet, des pays comme l'Italie qui ont fait face à des défis considérables en termes du renforcement de l'intégrité ont mis en place une place de marché électronique pour les achats en dessous des seuils. (encadré 3.9)

Encadré 3.9. La place de marché électronique pour les achats publics de faible valeur en Italie : la MePa

Lancée en 2003 et fonctionnant actuellement sur la base d'un catalogue électronique de plus d'un million d'articles, la plateforme en ligne MePA est l'une des principales places de marchés électroniques actuellement utilisées en Europe. Gérée par Consip, la MePA fournit un environnement sans support papier pour l'adjudication de marchés publics de biens et de services (principalement) de faible valeur. La MePA cherche à encourager notamment la participation des PME aux marchés publics offrant une flexibilité opérationnelle et permettant l'adjudication directe à partir de catalogues en ligne standardisés et d'enchères électroniques en guise de demandes de devis par notamment :

1. une inscription gratuite pour les fournisseurs et les acheteurs
2. des transactions numérisées
3. une utilisation de la signature électronique garantissant la conformité et la transparence
4. une offre de plateforme ouverte pour publier des catalogues en ligne normalisés.

Source : Banque européenne pour la reconstruction et le développement (BERD), 2017.

Développer une base de données fournisseur

Dans un système de gestion contractuelle il est important d'avoir une base de données fournisseurs qui permettrait à tous les organismes d'avoir accès à un plus grand nombre de fournisseurs potentiels et limiter les risques d'atteinte à l'intégrité. Pour les entreprises privées, l'enregistrement dans la base de données peut leur éviter de fournir à chaque procédure des documents administratifs. Au Québec, il n'existe pas de base de données fournisseur comme il en existe une au gouvernement fédéral. Le gouvernement du Québec pourrait donc réfléchir au développement d'une telle base de données. En effet, cette base de données est également très utile lors de l'utilisation de l'AOI mais aussi du gré à gré afin d'identifier plus de fournisseurs. Par exemple la Corée du Sud dispose d'un système électronique de gestion contractuelle appelé KONEPS. Ce système dispose d'une base de données fournisseurs qui permet aux entités publics de chercher des fournisseurs potentiels ; elle permet également aux entreprises de ne pas envoyer pour chaque soumission des documents administratifs car ils sont préalablement enregistrés dans le système (PPS, 2014[17]). En France, ce système est également mis en place avec le principe de « dites-le nous une ois »: toute information détenue par une administration française ne devra plus être demandée aux opérateurs économiques dans le cadre d'une offre électronique (Ministère de l'Economie et des Finances, France, 2017[18]).

Plan d'action

Mode de passation des marchés publics

- Promouvoir les procédures concurrentielles en dessous des seuils en introduisant un seuil intermédiaire au-delà duquel les entités doivent utiliser l'AOI.
- Fournir des règles claires et des lignes directrices pour le recours à toutes les exceptions en particulier pour les notions de « confidentialité et d'information protégée ».
- Promouvoir plus de concurrence pour les exceptions à l'AOP
- Harmoniser les exceptions aux AOP entre le cadre réglementaire auxquels sont soumis les organismes publics et celui des organismes municipaux
- Distinguer clairement les exceptions aux AOPs et celle relevant des exclusions et exemptions au cadre réglementaire régissant les marchés publics
- Continuer les efforts visant à renforcer les contrôles opérés pour l'utilisation des exceptions aux procédures concurrentielles

Critères de sélection et d'adjudication

- Publier de façon centralisée les informations sur le rendement des fournisseurs
- Promouvoir l'utilisation de critères d'attribution multiples et intégrer la notion de « l'offre la plus économiquement avantageuse » afin de diminuer la prévisibilité de l'offre.
- Considérer le critère coût total d'acquisition au lieu du critère prix afin de s'assurer de la comparabilité réelle des offres et instaurer un Comité de sélection lors de l'utilisation du critère prix

Transparence

- Publier tout le cadre réglementaire régissant les marchés publics au Québec sur une même page web
- Fournir plus d'informations sur la gestion contractuelle, en particulier pour la phase amont et la phase exécution du contrat
- Éviter le recours aux ouvertures publiques des offres afin de diminuer le risque d'ententes entre soumissionnaires
- Fournir des informations et des statistiques consolidées sur tout le système de gestion contractuelle au Québec
- Intégrer des fonctionnalités additionnelles au SEAO et prévoir des échéances claires pour l'utilisation obligatoire de la soumission électronique des offres
- Développer un système électronique pour les dépenses en dessous du seuil minimal montant
- Développer une base de donnée fournisseur

Références

ChileCompra (2017), "Cuenta Publica - Gestion 2017", http://www.mercadopublico.cl, (accessed on 23 July 2018). [14]

Commission européenne (2018), *E-procurement*, http://ec.europa.eu/growth/single-market/public-procurement/e-procurement_fr (accessed on 23 July 2018). [16]

Commission européenne (2014), *Directive 2014/24/UE du Parlement européen et du Conseil du 26 février 2014 sur la passation des marchés publics et abrogeant la directive 2004/18/CE*, http://data.europa.eu/eli/dir/2014/24/oj. [9]

Crown Commercial Service (2017), *General Legal Advice Services*, https://ccs-agreements.cabinetoffice.gov.uk/contracts/rm3786 (accessed on 18 July 2018). [6]

Governement de France (2019), *Code de la commande publique*, Direction des Affaires Juridiques, https://www.legifrance.gouv.fr/affichCode.do?cidTexte=LEGITEXT000037701019&dateTexte=20190524 (accessed on 25 July 2018). [7]

Le gouvernement du Grand-Duché du Luxembourg (2018), *Loi du 8 avril 2018 sur les marchés publics*, http://marches.public.lu/fr/legislation/marches-publics.html (accessed on 25 July 2018). [10]

Ministère de l'Economie et des Finances, France (2017), "Transformation numérique de la commande publique 2017-2022", https://www.economie.gouv.fr/files/files/directions_services/daj/marches_publics/dematerialisation/plan-transform-numeriq-cp/Feuillet_Plan-Transfo-Num-CP.pdf (accessed on 23 July 2018). [18]

Ministère des Infrastructures et des Transports, Italie (2018), *OpenCantieri*, http://opencantieri.mit.gov.it/ (accessed on 26 July 2018). [13]

OCDE (2019), *Enhancing the Use of Competitive Tendering in Costa Rica's Public Procurement System: Streamlining the exceptions and redesigning the threshold system*, OCDE, Paris, https://www.oecd.org/countries/costarica/costa-rica-public-procurement-system.pdf. [3]

OCDE (2018), *Procurement Review of the Chamber of Commerce of Bogotá, Colombia: Aligning practices with the OECD Public Procurement Recommendation*, OCDE, Paris, http://www.oecd.org/gov/public-procurement/publications/procurement-review-chamber-commerce-bogota.pdf. [12]

OCDE (2017), *Panorama des administrations publiques 2017*, Éditions OCDE, Paris, http://dx.doi.org/10.1787/gov_glance-2017-fr. [15]

OCDE (2017), *Recommandation du Conseil de l'OCDE sur l'intégrité publique*, OCDE, Paris, http://www.oecd.org/gov/ethics/Recommandation-integrite-publique.pdf. [11]

OCDE (2016), *Prévention de la corruption dans les marchés publics*, OCDE, Paris, http://www.oecd.org/gov/public-procurement/publications/prevention-corruption-marches-publics.pdf (accessed on 23 July 2018). [2]

OCDE (2015), *Recommandation du Conseil de l'OCDE sur les marchés publics*, OCDE, Paris, https://www.oecd.org/fr/gouvernance/ethique/Recommandation-OCDE-sur-les-marches-publics.pdf. [1]

OCDE (2012), *Recommandation du Conseil de l'OCDE sur la lutte contre les soumissions concertées dans les marchés publics*, OCDE, Paris, http://www.oecd.org/daf/competition/RecommendationOnFightingBidRigging2012FR.pdf. [8]

Office of Government Procurement (2017), *Public Procurement Guidelines for Goods and Services*, https://ogp.gov.ie/public-procurement-guidelines-for-goods-and-services/ (accessed on 18 July 2018). [5]

PPS (2014), *What is integrated Korea ON-line E-Procurement System(KONEPS)?*, https://www.pps.go.kr/eng/jsp/koneps/overview.eng (accessed on 23 July 2018). [17]

Secrétariat du Conseil du trésor (2017), "Statistiques sur les contrats des organismes publics 2016-2017", https://www.tresor.gouv.qc.ca/fileadmin/PDF/faire_affaire_avec_etat/statistiques/1617.pdf (accessed on 18 July 2018). [4]

4 L'intégrité des affaires et la concurrence entre les fournisseurs des marchés publics au Québec

Ce chapitre examine les moyens pris par le Québec pour renforcer l'intégrité des fournisseurs des marchés publics, ainsi que les mesures pour faire en sorte que les délais de soumission et les contraintes réglementaires n'affectent pas injustement la concurrence entre fournisseurs. En premier lieu, le chapitre analyse les contrôles mis en place pour limiter l'influence indue lors des communications avec le secteur privé au stade de l'analyse des marchés. Ce chapitre explore également l'application du régime d'autorisation de contracter à certains marchés publics, et son impact sur l'adoption de mesures de bonne gouvernance de de contrôle par les fournisseurs. Finalement, ce chapitre aborde la question des délais de soumission, plus réduits au Québec que dans d'autres juridictions, et des exigences règlementaires (homologations, certifications de conformité aux normes techniques), qui engendrent parfois des risques de collusion et de corruption accrus liés à la faible concurrence.

Communication avec le secteur privé et renforcement de l'intégrité des affaires

Le gouvernement du Québec a fait des efforts significatifs ces dernières années afin de renforcer l'intégrité des affaires et diminuer l'influence indue exercée par les entreprises dans la conduite des marchés publics. Ces efforts ne devraient toutefois pas se faire au détriment de l'efficience des marchés et d'une communication saine avec les soumissionnaires potentiels favorisant l'intérêt général, ainsi que la concurrence dans la conduite des marchés publics.

Favoriser des communications efficaces avec le secteur privé tout en réduisant le risque de collusion et de corruption

Afin de diminuer les opportunités de corruption et de collusion dans les processus de marchés publics, plusieurs pays membres de l'OCDE limitent les contacts directs entre les responsables des marchés publics et les fournisseurs. Les processus de marchés publics sont diffusés au moyen d'une plateforme internet par laquelle les fournisseurs peuvent se procurer les documents d'appel d'offre et faire leurs soumissions. L'utilisation de ces plateformes fournit également un moyen de communiquer équitablement et en toute transparence avec des fournisseurs potentiels afin de, par exemple, conduire une analyse des marchés préalablement à l'organisation de l'appel d'offre.

Maximiser le potentiel du SEAO afin de communiquer avec les fournisseurs de manière équitable et transparente

En 2011, la réglementation sur les contrats des organismes publics et municipaux a été modifiée afin que la distribution des documents d'appel d'offres et des addendas afférents s'effectue exclusivement via le système électronique d'appel d'offre (SEAO). Cette mesure visait entre autres à lutter plus efficacement contre la collusion et la malversation dans les contrats publics en évitant les contacts directs entre soumissionnaires potentiels, ainsi qu'entre les soumissionnaires potentiels et les fonctionnaires responsables des marchés publics.

Depuis l'avènement de cette exigence, les organismes publics et municipaux ne communiquent plus directement avec les soumissionnaires avant la détermination du gagnant de l'appel d'offre. Cette pratique a pour objectif de ne pas avantager une entreprise par rapport à ses concurrents en lui communiquant de l'information de manière privilégiée. Afin de notifier les soumissionnaires potentiels de la tenue d'un appel d'offre, ceux-ci peuvent recevoir une alerte du SEAO à l'effet qu'un AOP a été lancé dans leur domaine. Les organismes publics et municipaux peuvent également utiliser le SEAO pour conduire un appel d'intérêt, qui permet de sonder le marché pour connaître l'existence d'un produit ou d'un service pour répondre à un besoin spécifique. Les organismes publics et municipaux peuvent également utiliser le SEAO afin d'émettre un avis d'intention, qui permet de s'assurer qu'aucun autre contractant potentiel ne peut fournir un bien ou un service d'une valeur inférieure au seuil d'appel d'offre public. L'utilisation des appels d'intérêt et des avis d'intention ne sont présentement pas encadrés et peu utilisés en pratique. Toutefois, l'utilisation d'avis d'intention deviendra obligatoire pour tout contrat supérieur au seuil d'appel d'offres public conclu de gré-à-gré en vertu de l'exception selon laquelle l'organisme public estime qu'il lui sera possible de démontrer qu'un appel d'offres public ne servirait pas l'intérêt public. Dans le cadre des développements futurs de la plateforme, et comme il est indiqué au Chapitre 3, les fournisseurs enregistrés recevront par défaut ces avis d'intention, à moins qu'ils aient volontairement modifié les paramètres de leur profil afin de ne pas les recevoir.

Le gouvernement du Québec a mis en place des communications ciblées afin d'obtenir un retour d'expérience sur ses processus d'achats publics et de sensibiliser les soumissionnaires à ses normes en matière d'éthique et de lobbying. Le gouvernement du Québec exige des DOP qu'ils incluent dans leurs documents d'appel d'offre un questionnaire afin de connaître les raisons ayant mené une entreprise à ne pas présenter de soumission, bien qu'elle ait obtenu les documents d'appel d'offres. De plus, les documents d'appel d'offre rappellent les règles à suivre selon la *Loi sur la transparence et l'éthique en matière de lobbyisme* et le *Code de déontologie des lobbyistes*. Chaque soumissionnaire devra joindre à sa soumission une déclaration dans laquelle il affirmera que les communications, si elles ont eu lieu, l'ont été conformément à la Loi et au Code. Certains DOP communiquent également sur demande avec des soumissionnaires non-retenus afin d'améliorer leurs futures soumissions et à les encourager à participer à de futurs appels d'offre. Finalement, le MTQ organise des tables d'échanges biannuelles pour obtenir un retour d'expérience des firmes de construction et de génie sur la conduite des marchés publics du ministère en général.

La communication avec les soumissionnaires par l'entremise d'une plate-forme web telle que le SEAO est une bonne pratique alignée avec les tendances observées dans les autres pays membres de l'OCDE (OCDE, 2016[1]). Les unités responsables de l'approvisionnement doivent faire preuve de grande prudence afin communiquer de façon équitable et transparente avec les fournisseurs afin de ne pas fausser la concurrence de façon indue. Ainsi, les rencontres devraient être préparées et structurées afin de produire un maximum de résultats (encadré 4.1) tout en évitant de divulguer de l'information stratégique qui pourrait faciliter les ententes collusoires (évaluation des prix, volumes, etc.). Les unités d'approvisionnement peuvent également préparer un gabarit pour l'enregistrement et la communication des résultats de la rencontre avec un fournisseur par l'entremise de la plate-forme web. Les résultats de la rencontre peuvent également être utilisés pour l'achat de biens, de services ou de travaux similaires à l'avenir.

Encadré 4.1. Propositions pour structurer les réunions d'information avec les fournisseurs

Quelques questions qu'il faut garder à l'esprit lors des rencontres avec les fournisseurs :

- Êtes-vous intéressés par cette opportunité? Si non, pour quelles raisons?
- Le modèle économique est-il réaliste ?
- Les objectifs commerciaux sont-ils réalistes? Les opportunités d'affaires sont-elles intéressantes ?
- Selon vous, quels sont les principaux risques ?
- Pouvez-vous indiquer une idée des coûts, de leurs principaux déterminants et de la manière dont ils peuvent être minimisés ?
- Pouvez-vous donner une indication générale des délais probables pour la préparation et la mise en œuvre ?
- Existe-t-il d'autres approches plus efficaces ?
- Quelle valeur ajoutée le fournisseur peut-il apporter ?
- Existe-t-il des exemples de bonnes ou de mauvaises pratiques dans la manière dont d'autres organisations ont essayé d'obtenir les mêmes produits ou services, et ce qui peut être fait pour garantir la clarté et améliorer les résultats ?

Il est utile de rencontrer différents types de fournisseurs afin d'étayer les options stratégiques ; par exemple, les points de vue des petites et moyennes entreprises (PME) peuvent être différentes de celles des grandes entreprises.

Les fonctionnaires chargés des marchés publics devraient être présents aux réunions avec les fournisseurs. Du côté des fournisseurs, une personne avec une bonne compréhension des exigences, qui peut offrir des solutions innovantes et des conseils constructifs devrait être présente. Les bonnes attitudes devraient être adoptées : confidentialité, flexibilité et ouverture.

L'objectif est d'identifier les risques et les résultats escomptés en matière d'approvisionnement. Le fait de communiquer et de rencontrer les fournisseurs leur permet aussi de présenter leur avis sur la façon dont les résultats pourraient être atteints, sur leur perception des enjeux ainsi que sur les délais, la faisabilité et l'abordabilité du projet.

Les résultats de ces réunions aident à définir des exigences qui correspondent à ce que le marché est en mesure de fournir. Le marché peut également être encouragé à évoluer dans certaines directions qui permettent de satisfaire à ces exigences dans le futur.

Source : Basé sur les présentations de Steve Graham, Hadley Graham Ltd, conseillers au Département de la Santé du Royaume-Uni, lors de l'atelier de l'OCDE sur « L'amélioration des pratiques de passation de marchés publics de l'ISSSTE », Mexico City, 2-4 Septembre 2014.

Plusieurs pays de l'OCDE ont adopté des mesures visant à encadrer la transparence des communications et des consultations avec les fournisseurs, à uniformiser les règles du jeu pour toutes les entreprises, et à atténuer le risque de rapports inappropriés entre les fonctionnaires et les fournisseurs (encadré 4.2). De plus, bien que le Chili soit souvent décrit comme le pays le moins affecté par la corruption en Amérique du sud, les marchés publics représentent tout de même un risque modéré au Chili. Ainsi, la plateforme *ChileCompra* a été conçue pour atténuer autant que possible le risque d'irrégularités et limiter le risque d'influence indue.

Encadré 4.2. Le dialogue avec les fournisseurs : bonnes pratiques internationales

« Bienvenue au dialogue ouvert » aux États-Unis

En 2014, le *Chief Acquisition Officers Council* (CAOC) a créé une plateforme en ligne afin de permettre aux parties prenantes de discuter des problèmes, des obstacles et des solutions possibles en lien avec le processus fédéral d'acquisition. L'objectif des discussions est d'identifier les améliorations à apporter au cycle de passation et à la gestion des marchés publics, et s'inscrit dans un effort d'amélioration de l'efficacité du système fédéral d'acquisition.

Le dialogue se concentre sur trois domaines principaux : (i) les obligations de déclaration et les exigences de conformité ; (ii) les pratiques de passation de marchés publics ; (iii) la participation des petites entreprises, des nouveaux arrivants et des sous-traitants non traditionnels du gouvernement. Sur la plateforme en ligne, les parties intéressées soumettent des idées, répondent aux questions posées par les modérateurs et commentent d'autres suggestions.

Consultation en ligne des fournisseurs par la centrale d'achats ChileCompra

Avant de lancer un appel d'offres, ChileCompra (*Dirección de Compras y Contratación Pública*) procède à une consultation ouverte des fournisseurs, qu'elle annonce en ligne via son site Internet www.mercadopublico.cl. La consultation a pour but d'obtenir des renseignements sur les prix, les caractéristiques des biens et services souhaités, le temps dont les fournisseurs ont besoin pour préparer leurs soumissions, ainsi que toute autre information qui pourrait contribuer à l'efficacité de la procédure d'appel d'offres.

Après publication en ligne d'un avis de marché (demande de soumissions), ChileCompra organise aussi des tables rondes avec les fournisseurs, également annoncées sur son site Internet. Ces réunions visent à informer les fournisseurs des principaux objectifs de l'approvisionnement et de les guider sur les modalités de soumission d'une offre. Pour renforcer la transparence, les réunions sont enregistrées et publiées en ligne sous forme de dossier rattaché à la demande de soumissions, afin que les fournisseurs qui n'ont pas pu être présents puissent également être informés.

ChileCompra dispose de plus d'un forum en ligne comprenant un système de questions/ réponses pour chaque appel d'offres, mis en place avant la date limite de dépôt des soumissions. Ce forum est particulièrement utile pour les fournisseurs géographiquement éloignés de la capitale Santiago (où se situent les locaux de Chile Compra) et qui nécessitent un accès distant aux questions et aux réponses. Il garantit la transparence, un traitement équitable et une libre concurrence.

Gestion des relations lors de l'évaluation des appels d'offres en Australie

La Direction de la programmation, des transports et des infrastructures (*Department of Planning, Transport and Infrastructure*, DPTI) du gouvernement de l'Australie méridionale a élaboré un Cadre de gestion des marchés publics (*Procurement Management Framework*) pour faire face à des conflits d'intérêts potentiels et significatifs lors de la passation de marchés publics et atténuer le risque de rapports inappropriés entre fonctionnaires et fournisseurs. En vertu de celui-ci, les membres du DPTI doivent immédiatement rapporter à la présidence du panel d'évaluation tout conflit d'intérêts à l'égard d'une entreprise candidate, parmi lesquels :

1. Avoir un membre proche de sa famille employé par une entreprise candidate.
2. Avoir un parent qui participe à la préparation de l'offre préparée par une entreprise.
3. Avoir des rapports réguliers avec un salarié d'une entreprise qui participe à la préparation d'une d'offre.
4. Avoir reçu des cadeaux, avoir été invité ou avoir profité d'autres avantages similaires de la part d'une entreprise candidate pendant la période précédant le lancement de l'appel d'offres.
5. Avoir quitté récemment une entreprise candidate.
6. S'intéresser à une offre d'emploi futur ou à d'autres faveurs d'une entreprise soumissionnaire.

Sources : Chief Acquisition Officers Council (2014), http://exo.dialogue.cao.gov/; Présentations de Marjorie Ramírez, ancienne cheffe de la Division des accords-cadres de ChileCompra, lors de l'atelier de l'OCDE sur « L'amélioration des pratiques de passation de marchés publics de l'ISSSTE », Mexico City, 2-4 Septembre 2014 ; Government of South Australia, "DPTI Procurement Practices and Policies", www.dpti.sa.gov.au/open_government/proactive_disclosure/details_of_procurement_practices_within_departments.

Ainsi, le gouvernement du Québec pourrait s'inspirer du fonctionnement de ces plates-formes afin de maximiser le potentiel d'utilisation du SEAO. Le SEAO pourrait être utilisé afin de publier des avis d'intention d'appel d'offre sur une base plus systématique quand les circonstances le justifient, ainsi que des rencontres avec les fournisseurs qui s'inscrivent dans son approche de surveillance des marchés. La fonction de forum d'échange en ligne pourrait également servir à renforcer les communications avec les fournisseurs de manière équitable et en toute transparence.

Développer des outils afin d'encadrer de manière appropriée l'interaction avec les fournisseurs à l'étape de la recherche et de l'acquisition de connaissances sur les marchés

Selon les bonnes pratiques mises en place dans les pays de l'OCDE, la communication avec les fournisseurs s'inscrit de plus en plus dans une approche de surveillance et d'analyse des marchés. Ces fonctions sont généralement confiées à un expert technique sectoriel en amont, tandis que les professionnels des marchés publics collaborent avec l'expert sectoriel en aval, lors de du développement de la stratégie d'achat et de supervision du processus d'acquisition. Par exemple le processus d'analyse des marchés de l'Agence italienne des marchés publics *Consip SpA* prévoit des échanges bien encadrés avec les fournisseurs lorsque les circonstances d'un marché en particulier le justifient (encadré 4.3). Cet encadrement renforcé découle des pouvoirs des pouvoirs accrus délégués à l'Agence italienne de lutte contre la corruption (ANAC) suite à de nombreux cas de corruption dans les marchés publics exposés par les médias italiens.

Encadré 4.3. Processus d'analyse de marché de l'organe central d'achats italien, Consip SpA

Consip SpA, l'organisme central d'achats italien, est détenu à 100% par le Ministère de l'Économie et des finances. Consip est en charge de l'adjudication de contrats (généralement des accords-cadres) de biens et de services pour le secteur public italien.

En vue d'améliorer ses achats, Consip a développé une procédure interne sur la manière d'effectuer une analyse de marché et d'interagir avec les fournisseurs (opérateurs économiques) durant d'analyse de marché.

La procédure, décrite dans le graphique 4.1, identifie les actions à réaliser pendant l'analyse de marché de manière à finaliser une « étude de faisabilité », étape préalable à la conception de l'appel d'offres et à la publication de l'avis de marché.

Le processus entier est appuyé par : 1) des lignes directrices internes sur l'analyse de marché ; 2) des questionnaires de consultation de marché ; et 3) un Plan annuel d'activités d'approvisionnement (*Sourcing Activities yearly Plan*, SAP).

Graphique 4.1. Processus d'analyse de marché de l'organe central d'achats italien, Consip SpA

Analyse de marché & étude de faisabilité

- Analyse des données sur les dépenses de l'administration publique
- Collecte et analyse des besoins spécifiques des pouvoirs adjudicateurs
- Entretiens avec les pouvoirs adjudicateurs pour obtenir des renseignements complémentaires sur leurs besoins (quantité et qualité)

- Publication d'un questionnaire
- Analyse des réponses au questionnaire
- Discussion des résultats avec les fournisseurs selon différentes étapes :
  - ✓ Phase 1 : associations de fournisseurs au niveau national ;
  - ✓ Phase 2 : associations de fournisseurs locaux au niveau régional
  - ✓ Phase 3 : fournisseurs individuels

Analyse des possibilités d'établir un accord-cadre

Étude de faisabilité (livrable)

Post – Analyse de marché

- Stratégie d'appel d'offres et modélisation économique (en faisant correspondre l'offre et la demande)
- Documents d'appel d'offres (livrables)
- Remarques de l'autorité sur la conception de l'appel d'offres (anti-trust/autorité de marché)

Appuyé par :
- Des lignes directrices internes sur la manière d'interragir avec les opérateurs économiques
- Des questionnaires de consultation du marché
- Un Plan d'activités d'approvisionnement (*Sourcing Activities Plan*, SAP) contenant un échéancier et des ressources humaines pour la gestion de l'accord-cadre

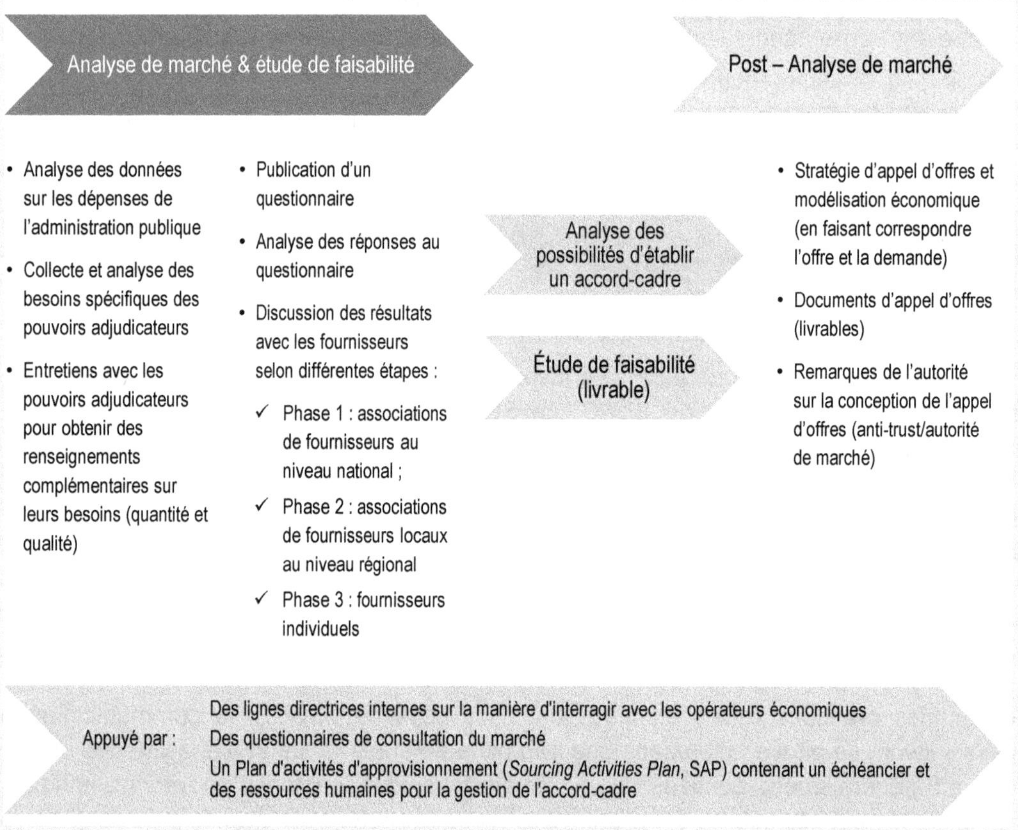

Lignes directrices internes sur l'analyse de marché

Les lignes directrices internes sur l'analyse de marché visent à guider l'interaction avec les entreprises durant la phase de consultation de marché. Le but de l'analyse de marché est de collecter les données suivantes sur les caractéristiques des biens et des services requis :

- Taille du marché et volume des achats par rapport à la taille du marché.
- Structure du marché : pourcentage des petites et moyennes entreprises sur ce segment du marché ou domination de grandes entreprises.
- Principaux fournisseurs sur le marché.
- Maturité des produits/services, modèles d'évaluation de prix et conditions offertes par les fournisseurs, potentielle standardisation des produits/services et capacités commerciale.
- Perspectives de développement du marché dans les années à venir.

Ces informations sont utiles pour définir les caractéristiques de l'approvisionnement, la stratégie d'appel d'offres, la possibilité de répartition en lots et le prix de référence.

Les informations sont recueillies au moyen de réunions tenues avec les principales associations professionnelles et, si nécessaire, avec les fournisseurs individuels, en suivant les lignes directrices pour l'analyse de marché.

Questionnaires de consultation de marché et réunions avec les opérateurs économiques

La consultation de marché débute par la publication de questionnaires spécifiques à chaque projet sur la plateforme d'approvisionnement en ligne et le site internet de Consip. L'objectif des questionnaires proposés aux fournisseurs est d'avoir une meilleure connaissance des caractéristiques du marché, de garantir la participation des entreprises et d'assurer la diffusion de l'information. Les questionnaires sont valides jusqu'à la publication de l'avis d'appel d'offres.

Des réunions avec les opérateurs économiques peuvent avoir lieu ; celles-ci doivent faire l'objet d'une demande par courrier électronique et au moins deux employés de Consip (chef de projet et gestionnaire de catégorie) doivent y participer. Pendant la réunion, Consip présente le questionnaire d'étude de marché spécifique au projet et distribue un exemplaire de son code d'éthique. Le questionnaire est ensuite complété par l'ensemble des participants à la réunion.

Des questions peuvent être posées pendant la réunion ; toutefois, aucune information supplémentaire à celle déjà publiée n'est fournie, de sorte que les fournisseurs qui ne participent pas à la réunion ne sont pas désavantagés. La stratégie d'appel d'offres (si elle est déjà établie) n'est pas discutée et aucune comparaison entre les soumissionnaires potentiels n'a lieu.

Source : Consip SpA.

Au Québec, la Directive concernant la gestion des contrats d'approvisionnement, de services et de travaux de construction des organismes publics encadre les communications d'influence dans les contrats publics. Toutefois, la directive ne fournit aucune balise ou standard de conduite pour les situations où les fonctionnaires souhaitent acquérir des informations spécifiques sur des marchés spécifiques. Le CSPQ a également élaboré le guide Processus de référence en gestion contractuelle pour les contrats d'approvisionnement et de services, qui fournit un cadre de référence général exhaustif en matière de gestion contractuelle. Néanmoins, ce guide fournit peu d'encadrement sur le caractère approprié et les méthodologies pour entrer en contact avec des acteurs clé de marchés spécifiques.

Pour renforcer sa compréhension de la capacité des marchés à répondre à ses besoins, le gouvernement du Québec pourrait rendre des outils disponibles aux organismes publics et municipaux afin de conduire des activités d'analyse et de surveillance des marchés, incluant l'encadrement des échanges avec des soumissionnaires potentiels lorsque les circonstances le justifient. L'encadré 4.6 fournit des exemples concrets d'outils desquels le gouvernement du Québec pourrait s'inspirer pour ce faire. De plus l'AMP, en vertu de son pouvoir de veille et de recommandation, peut également suggérer des pratiques précises qu'elle juge appropriées selon les constats qu'elle effectuera en exerçant ses activités.

L'utilisation de contrôles accrus sur l'intégrité des entreprises souhaitant conclure des contrats avec des organismes publics et municipaux

En réponse aux nombreux cas de collusion et de corruption exposés devant la Commission Charbonneau et impliquant des entreprises contractant avec l'État, le gouvernement du Québec a mis en place des mesures innovantes et ambitieuses afin de renforcer l'intégrité des affaires au Québec. Le 7 décembre 2012, la LCOP a ainsi été modifiée afin de mettre en place le régime d'autorisation de contracter, qui consiste à vérifier l'intégrité des entreprises désirant contracter avec un organisme public visé par la LCOP ou un organisme municipal. Le régime vise également tous les sous-contractants prenant part à un contrat public dès que la valeur du sous-contrat est égale ou supérieure au seuil applicable. Les États-Unis ont également adopté un système de contrôle des entreprises qui inclut : 1) une liste centralisée des entreprises autorisées à contracter avec l'état ; et 2) une liste des entreprises qui ne peuvent recevoir des contrats fédéraux. Mais ce système de contrôle n'est pas aussi approfondi qu'au Québec car il n'inclut pas l'équivalent des vérifications en entreprises conduites par l'UPAC (encadré 4.4).

Encadré 4.4. Le système pour la gestion des octrois des marchés publics aux États-Unis

Aux États-Unis, le Système pour la gestion des contrats (***System for Award Management – SAM***) est une interface unique créée en 2012 et opérée par le gouvernement fédéral. Elle regroupe plusieurs bases de données précédemment utilisées dans la passation de marchés publics, parmi lesquelles un système d'enregistrement obligatoire (*Central Contractor Registration*) et une liste de fournisseurs exclus de toute procédure de passation de marchés (*Excluded Parties List System*).

Pour être éligibles à conclure des marchés publics avec le Gouvernement fédéral, les fournisseurs ont l'obligation de s'enregistrer dans le SAM et de mettre à jour leurs données une fois par an. Les informations à fournir incluent des renseignements généraux (adresse de l'entreprise, identifiant numérique unique) ainsi que des données fiscales et bancaires. Si l'enregistrement a été effectué avec l'aide d'un agent fédéral (*US Federal Contractor Registration case manager*), les entreprises reçoivent une certification (*Verified Vendor Seal*) indiquant que leurs informations ont été vérifiées, évitant ainsi tout risque d'erreur ou d'omission. Cette certification peut être affichée sur le site internet d'une entreprise à condition que soit inclus le lien vers le document de certification.

Par ailleurs, une entreprise peut être suspendue ou exclue de toute participation à une procédure de marchés publics par un organisme fédéral en cas de certains manquements spécifiés dans le *Federal Acquisition Regulation.* Ces manquements concernent par exemple la corruption, le non-respect d'un contrat précédent ou toute infraction indiquant un manque d'intégrité. La liste des fournisseurs qui ne peuvent recevoir de contrats fédéraux ou de de sous-contrats est consultable sur le site internet du SAM.

Sources : US Federal Contractor Registration, https://uscontractorregistration.com/ ; Federal Acquisition Regulation https://www.acquisition.gov/browsefar.

Afin de pouvoir conclure un contrat avec un organisme public ou municipal, l'entreprise doit obtenir de l'AMP une autorisation de contracter à la suite d'un examen de l'intégrité de l'entreprise, de ses actionnaires, de ses associées, de ses administrateurs ou de ses dirigeants ou encore d'une personne ou entité qui en a, directement ou indirectement, le contrôle juridique ou de facto (la gestion du régime d'autorisation de contracter a été transférée de l'Autorité des marchés financiers à l'AMP, qui en a la responsabilité depuis janvier 2019). Cet examen d'intégrité est conduit par le commissaire associé à la lutte contre la corruption, au sein de l'UPAC, qui a le mandat d'effectuer les vérifications nécessaires afin que l'AMP ait toutes les informations pertinentes au moment de décider d'émettre l'autorisation.

Définir des objectifs assortis d'indicateurs précis pour l'exercice du pouvoir discrétionnaire prévu au régime d'autorisation de contracter

La LCOP octroie un large pouvoir discrétionnaire à l'AMP afin de demander des mesures de redressement aux entreprises désirant obtenir une autorisation de contracter avec les organismes publics mais qui ne satisfont pas aux exigences élevées d'intégrité auxquelles le public est en droit de s'attendre d'une partie à un contrat public, tel que défini aux articles 21.27 et 21.28 de la LCOP. L'établissement d'objectifs clairs et transparents pour le régime d'autorisation de contracter pourrait permettre de mesurer la performance du régime d'autorisations de contracter en fonction d'objectifs prédéterminés, et ainsi permettre un ajustement des balises pour l'exercice du pouvoir discrétionnaire si nécessaire.

Fixer des objectifs clairs et mesurables pour le régime d'autorisation de contracter

Les entreprises pour lesquelles il n'y a aucune raison de douter de leur intégrité reçoivent leur autorisation de contracter dans un délai de cinq à dix mois sans exigences particulière. Toutefois, la LCOP exige que l'AMP refuse d'émettre l'autorisation de contracter si l'actionnaire majoritaire de l'entreprise étant une personne physique, ou un de ses administrateurs ou un de ses dirigeants a été déclaré coupable d'une infraction prévue à l'annexe I de la LCOP au cours des cinq dernières années.

De plus, la LCOP stipule que l'AMP peut refuser d'accorder une autorisation de contracter (ou la révoquer) à une entreprise qui ne satisfait pas « aux exigences élevées d'intégrité auxquelles le public est en droit de s'attendre d'une partie à un contrat public ». Comme l'affirme le rapport de la Vérificatrice générale du Québec (VGQ), « l'intégrité est en soi un concept qui peut être fort subjectif » et en ce sens, « le législateur a accordé un pouvoir discrétionnaire très large » à l'AMP. La LCOP fournit également des éléments afin d'encadrer ce qui constitue un manque d'intégrité de la part des entreprises. Par exemple, ces éléments incluent notamment :

- avoir des liens avec une organisation criminelle
- le fait que l'entreprise ou l'un de ses administrateurs, dirigeants ou actionnaires ait été poursuivi pour une infraction prévue à l'annexe I de la LCOP ou toute autre infraction de nature criminelle ou pénale
- le fait que l'entreprise ou l'un de ses administrateurs, dirigeants ou actionnaires ait, de façon répétitive, éludé ou tenté d'éluder la loi
- le fait que l'entreprise demandant l'autorisation soit un prête-nom ou la continuité d'une entreprise qui ne recevrait pas son autorisation.

Ce pouvoir d'intervention de l'UPAC et de l'AMP est généralement plus large que les pouvoirs d'intervention semblables prévus dans d'autres juridictions (encadré 4.5).

Encadré 4.5. L'exclusion des procédures de passation des marchés publics pour manquements à l'intégrité

Les manquements à l'intégrité commis par certaines entreprises peuvent conduire à l'exclusion temporaire ou permanente d'un soumissionnaire de toute participation à une procédure de passation de marchés publics. La Recommandation de 2009 de l'OCDE visant à renforcer la lutte contre la corruption invite les Parties à la Convention sur la lutte contre la corruption des agents publics étrangers dans les transactions commerciales internationales à « *suspendre, à un niveau approprié, l'accès aux contrats publics ou autres avantages octroyés par les pouvoirs publics (…) des entreprises qui ont été convaincues de corruption d'agents publics* ».

L'adoption de systèmes d'exclusion de soumissionnaires a connu une forte progression au cours de la dernière décennie, à la fois comme instrument de lutte contre la corruption et comme outil pour restaurer la confiance dans les marchés publics. Plusieurs pays et organismes multilatéraux ont développé de tels systèmes, mais leur fonctionnement diffère d'une juridiction à l'autre. En outre, il existe de grandes variations dans les motifs d'exclusion (Hjelmeng et Søreide, 2014), et certains pays révisent présentement leurs processus d'exclusion afin d'en réduire la rigidité.

Union européenne

Conformément à la législation de l'Union européenne (UE), il existe des règles obligatoires d'exclusion dans les États membres de l'UE. En vertu de l'article 57 de la Directive 2014/24/UE du 26 février 2014 sur la passation des marchés publics, les pouvoirs adjudicateurs ont l'obligation d'exclure un opérateur économique de toute participation à une procédure de marché public lorsque celui-ci a fait l'objet d'une condamnation définitive pour les motifs suivants :

- participation à une organisation criminelle
- corruption
- fraude
- infraction terroriste ou infraction liée aux activités terroristes
- blanchiment de capitaux ou financement du terrorisme
- travail des enfants et autres formes de traite des êtres humains.

Les opérateurs économiques doivent en outre fournir aux pouvoirs adjudicateurs un document unique de marché européen (DUME) attestant sur l'honneur qu'ils ne se trouvent pas dans une situation pouvant entrainer leur exclusion (Article 59). Les autorités contractantes peuvent exiger la production de certificats, déclarations et autres moyens de preuve de l'absence de ces motifs (Article 60).

Mexique

Au Mexique, la Loi sur les acquisitions, les locations et les services du secteur public (*Ley de Adquisiciones, Arrendamientos y Servicios del Sector Público*, LAASSP) comprend diverses dispositions relatives aux sanctions administratives pour les soumissionnaires et fournisseurs n'ayant pas respecté leurs obligations contractuelles (Articles 59 à 64 de la LAASSP). Les sanctions peuvent aller d'une amende (*multas*) à une exclusion des procédures de marchés publics pour une période allant de trois mois à cinq ans (*inhabilitaciónes).* La liste des fournisseurs qui ont été sanctionnés ou exclus au moins une fois est publiée en ligne. Elle précise les raisons de la sanction ou de l'exclusion, le montant de l'amende et la durée de l'exclusion. En Octobre 2016, 1236 fournisseurs étaient listés comme ayant été sanctionnés ou exclus.

L'entrée en vigueur en juillet 2017 de la Loi fédérale sur les responsabilités administratives (*Ley general de responsabilidades administrativas*, LGRA) a enrichi le cadre législatif s'appliquant aux marchés public. En effet, contrairement à la Loi fédérale sur les responsabilités administratives des fonctionnaires (*Ley Federal de Responsabilidades Administrativas de los Servidores Públicos*, LFRASP) qu'elle est venue remplacer, la LGRA s'applique aussi aux fournisseurs et aux soumissionnaires. L'Article 81 prévoit des sanctions à l'encontre des entreprises participant à des activités du secteur public et coupables de fautes administratives graves. Mentionnées aux articles 65 à 72 de la loi, celles-ci incluent la collusion, le trafic d'influence et la corruption d'agents publics. Les entreprises peuvent se voir interdire de participer à des acquisitions, des locations, des services ou des travaux publics pour une période de trois mois à dix ans.

Banques multilatérales de développement

Sous la direction de la Banque mondiale, les Banques multilatérales de développement ont élaboré et signé en avril 2010 un Accord d'application mutuelle des décisions d'exclusion et rendu publique la liste des entreprises et des personnes non admissibles à participer à leur processus d'appel d'offres. Les institutions participantes exécutent les décisions prises par l'une d'entre elles du fait des quatre principes qu'elles considèrent unanimement comme justifiant des sanctions : i) fraude ; ii) corruption ; iii) coercition ; et iv) collusion.

Sources : (Hjelmeng and Søreide, 2014[2]; Commission européenne, 2014[3]; OCDE, 2017[4]).
Agreement for Mutual Enforcement of Debarment Decisions, https://www.adb.org/sites/default/files/institutional-document/32774/files/cross-debarment-agreement.pdf.

Compte tenu de l'impact potentiel du régime d'autorisation de contracter sur les entreprises et afin d'exercer son large pouvoir discrétionnaire de manière juste et uniforme, l'AMP s'est dotée de plusieurs balises élaborées afin de rendre des décisions qui sont cohérentes avec les précédents établis. En effet, l'AMP dispose de large pouvoirs afin d'inciter les entreprises ayant commis certains impairs en matière d'intégrité, tels que définis par la LCOP, à adopter des mesures de gouvernance et de contrôle susceptibles de réduire le risque de corruption dans la conduite des marchés publics. Par exemple, l'AMP peut émettre une demande de correctifs afin de demander à une entreprise de mettre en place des mesures nécessaires pour s'assurer que les problématiques en matière d'intégrité ne se reproduisent plus. L'AMP peut également émettre un préavis de refus, qui pourra être maintenu ou non suite aux observations et à l'engagement de l'entreprise de mettre certaines mesures en place. Si le préavis de refus est maintenu, l'entreprise est inscrite sur le registre des entreprises non-admissibles (RENA) prévu par la LCOP pour une durée de cinq ans. Les entreprises sont également inscrites au RENA si elles, ou toute personne qui leur est liée[1], sont déclarées coupable d'une infraction identifiée à l'Annexe I de la LCOP.

Le régime d'autorisation de contracter a eu des effets positifs sur la gouvernance des sociétés et davantage de concurrence a été constatée parmi les firmes de génie, comme l'affirment le précédent Inspecteur général de la ville de Montréal et le PDG de l'Association des firmes de génie-conseil du Québec (Champagne, 2018[5]). Bien qu'un accroissement des perceptions d'une plus grande compétition entre les firmes de génie est un développement positif en soi, une analyse plus approfondie est nécessaire pour avoir un aperçu complet de ses impacts sur les marchés publics.

Toutefois, suite à un rapport du VGQ qui a remis en question la cohérence et la pertinence des exigences demandées à certaines entreprises ayant reçu une demande de correctifs (VGQ, 2018[6]), l'AMF développe présentement un plan d'action afin de mettre en place des mécanismes qui viseront à assurer la pertinence et la cohérence de l'ensemble des mesures proposées. Au-delà de la mise en place de mécanismes institutionnels de contrôle renforcés sur les exigences demandées, l'AMP pourrait fixer des objectifs précis et mesurables que le régime d'autorisation vise à atteindre. La détermination à l'avance d'objectifs précis pourrait faciliter grandement la détermination et l'application de solutions adaptées et déterminées d'avance à chaque situation problématique à l'intérieur des entreprises, et ainsi assurer une plus grande cohérence et une plus grande objectivité. À titre indicatif, le tableau 4.1 inclut des exemples d'objectifs, de mesures de suivi et d'indicateurs d'impact qui pourraient être fixés à l'avance par l'AMP pour évaluer la performance du régime d'autorisation de contracter.

Tableau 4.1. Exemples d'objectifs, de mesures de suivi et d'indicateurs d'impact pouvant être établis par l'AMP

Exemples d'objectifs	Exemples de mesures de suivi pour la mise en œuvre des objectifs	Exemples d'indicateurs d'impact
Éviter que les petites entreprises où la personne physique étant l'actionnaire majoritaire a commis des infractions fiscales graves et répétitives ne puissent obtenir de contrats financés par des fonds publics	• Exiger un plan de vente des parts de l'actionnaire à une personne physique ou morale non liée à l'actionnaire • Demander la documentation certifiant la vente des actions et attestant de l'identité du nouveau propriétaire	• Nombre d'entreprises avec une personne physique ayant commis des infractions fiscales graves et répétitives comme actionnaire majoritaire détenant une autorisation de contracter • Nombre de cas où la vente d'actions à une personne non liée a été effectuée avec succès et l'autorisation maintenue. • Nombre de cas où l'autorisation a été retirée
Éviter que des entreprises liées au crime organisé ou coupables d'infractions inclues à l'annexe I de la LCOP ne puissent se réincarner sous une autre forme juridique	• Ne pas permettre que l'entreprise soit transférée ou emploie une personne physique ou morale liée à une personne ayant des liens avec le crime organisé • Ne pas émettre d'autorisations à des entreprises ne disposant d'aucun actif ou d'employés • Exiger la divulgation de transferts importants d'actifs ou d'employés dans un délai déterminé précédent la demande d'autorisation, ou en tout temps pendant la durée de l'autorisation	• Identité des actionnaires, dirigeants, administrateurs ou employés d'une entreprise autorisée qui a été transférée suite à des liens avec le crime organisé • Nombre d'autorisations refusées à des entreprises ne détenant aucun actif ou n'employant aucun employé. • Nombre et nature des transferts importants d'actifs ou d'employés ayant été signalés • Nombre de cas détecté de transferts importants d'actifs et d'employés n'ayant pas été déclarés
S'assurer que la procédure d'autorisation de contracter soit adaptée aux spécificités des marchés publics	• Évaluer la couverture des autorisations de contracter délivrées pour l'octroi de marchés publics • Définir la typologie des sociétés détentrices des autorisations de contracter	• Ratio des marchés publics attribués avec une autorisation de contracter par rapport au nombre total de marchés publics • Ratio des sociétés détentrices d'autorisation de contracter selon le type d'achat (services professionnels ou construction) par rapport au nombre total de sociétés pour ces types d'achats
S'assurer de l'impact de la procédure d'autorisation de contracter sur l'accès aux marchés publics	• Évaluer l'efficience de la procédure d'autorisation de contracter	• Délai moyen pour l'obtention d'une autorisation de contracter • Nombre moyen de marchés publics attribués par entreprise disposant d'une autorisation de contracter

Source : Travaux de l'OCDE, 2018.

Ces objectifs pourraient être publiés pour des raisons de justice naturelle pour les entreprises, ce qui renforcerait davantage les incitatifs pour les entreprises à faire preuve de bonne gouvernance et d'intégrité dans la conduite de leurs activités. La publication des objectifs permettrait également d'accroître la transparence et la reddition de compte concernant l'administration du régime d'autorisation de contracter, incluant l'interprétation que donne l'AMP aux termes « exigences élevées d'intégrité auxquelles le public est en droit de s'attendre d'une partie à un contrat public ou à un sous-contrat public » inclus dans la LCOP.

Prioriser les contrôles sur les marchés publics plus à risque

En vertu de l'article 21.17.1 de la LCOP, le gouvernement dispose d'une large discrétion afin de déterminer quels marchés seront assujettis au régime d'autorisation de contracter prévu par la LCOP. Le SCT pourrait utiliser ce pouvoir afin de cibler les marchés plus à risque dans l'application de l'autorisation de contracter.

Considérer étendre le régime d'autorisation de contracter à davantage de marchés publics sur la base d'une analyse du risque

Le périmètre du régime d'autorisation de contracter est limité aux contrats de construction de plus de 5M$ et aux contrats de services de plus de 1 million USD. Cela peut exclure plusieurs marchés à risque du champ d'application du régime d'autorisation de contracter.

Exercer une certaine retenue pour la définition du champ d'application du régime d'autorisation de contracter est compréhensible. En juillet 2018, avant que l'application du régime d'autorisation de contracter ne soit transférée à l'AMP, l'AMF avait reçu 5478 demandes d'autorisation en vertu des présents seuils, et si le gouvernement décidait de donner suite à son engagement d'abaisser le seuil pour tous les contrats publics à 100 000 USD, environ 20 000 entreprises devraient avoir à demander une autorisation de contracter. Selon les informations fournies par l'AMF, le délai pour obtenir une autorisation peut varier de 5 à 10 mois selon des projections optimistes, voire davantage dans des cas où des irrégularités importantes seraient détectées. Ainsi, l'élargissement du champ d'application du régime d'autorisation de contracter par le gouvernement du Québec doit se faire sur une base réfléchie en tenant compte des capacités internes afin de ne pas affecter l'efficience des marchés.

Ceci dit, le gouvernement pourrait considérer l'utilisation de son pouvoir discrétionnaire en vertu de l'article 21.17.1 de la LCOP pour assujettir certains marchés publics additionnels au régime d'autorisation de contracter en se basant sur une analyse du risque, sur les résultats d'audits et sur l'importance stratégique de certaines parties prenantes, afin d'assurer l'intégrité des marchés publics. Par exemple, peu de contrats de surveillance de chantiers demande une autorisation compte tenu du seuil de 1 million USD. De plus, pour des raisons techniques, les sous-contrats d'approvisionnement découlant d'un contrat public de travaux de construction ne sont pas assujettis à l'autorisation de contracter, et ce parce que la règlementation ne les reconnait pas comme des sous-contrats publics. Or, il existe plusieurs cas documentés où l'approvisionnement de matériaux bruts pour les chantiers de construction majeurs fait l'objet de détournement, de substitution par des matériaux de qualité inférieure, et de surestimation en termes de volumes livrés (PwC, 2014[7]). La fourniture de matériel informatique par l'entremise du Centre de services partagés du Québec a également été identifiée comme un secteur à risque par la VGQ (VGQ, 2016[8])

Toutefois, une telle décision devrait être prise en fonction des moyens disponibles pour analyser un nouveau volume de demandes et après avoir fait en sorte que l'expansion du champ d'application du régime n'entraîne pas des délais disproportionnés pour obtenir l'autorisation et ainsi affecter l'efficience des marchés publics.

Concilier les contraintes règlementaires, normes et certifications et un niveau de concurrence élevé sur les marchés publics

Les exigences règlementaires (normes techniques, certifications et homologations[2] des produits) imposées aux fournisseurs jouent un rôle déterminant dans les marchés publics. Elles visent en premier lieu à assurer la conformité des produits et travaux aux besoins des donneurs d'ordre publics en termes de santé, de qualité ou de sécurité ou bien à réduire l'impact environnemental de l'activité des fournisseurs.

Cependant, des exigences réglementaires excessives peuvent également réduire le nombre de fournisseurs potentiels, ce qui expose les acheteurs publics à des risques de corruption et augmente le risque de collusion entre fournisseurs ou entre certains producteurs et installateurs d'équipements, par exemple dans le domaine des infrastructures urbaines. Ces domaines à la concurrence limitée exposent aussi les acheteurs publics à des risques de corruption. Ces exigences entrent également en contradiction avec le principe « accès » de la Recommandation de l'OCDE sur les marchés publics, qui souligne la nécessité « *d'encourager un large éventail de concurrents potentiels à répondre aux appels d'offre, y compris les nouveaux entrants et les petites et moyennes entreprises* ».

Lambert-Mogiliansky et Sonin (2006) établissent que les risques de collusion avec corruption du donneur d'ordre sont particulièrement élevés lorsque la concurrence est faible et que le marché est caractérisé par un petit nombre de firmes de tailles moyenne et à la structure de coût comparable (Lambert-Mogiliansky and Sonin, 2006[9]). Une telle structure de marché correspond à de nombreux cas de collusion dans les travaux de construction mis en exergue par la commission Charbonneau.

Par exemple, le marché de l'asphaltage a donné lieu à des ententes entre un petit nombre de fournisseurs de biens à la structure de coût comparable. Ces pratiques de collusion à Montréal dans les années 2000 étaient fondées sur un partage territorial des marchés publics entre cinq entreprises, en fonction du lieu de chaque centrale d'enrobage. Ce cartel avait assuré aux entreprises impliquées des marges bénéficiaires de 30 %, plutôt que de 4 % à 8 % en moyenne pour le secteur (CEIC, 2015[10]). Depuis lors, le Gouvernement du Québec a pris plusieurs mesures pour stimuler la concurrence entre les fournisseurs d'enrobés bitumineux, notamment via une présence accrue des centrales d'enrobage mobiles (Bégin et al., 2016[11]).

Néanmoins ces exigences présentent différentes caractéristiques selon qu'il s'agisse de produits homologués ou de normes et certification. En effet, l'homologation a pour objectif de définir strictement les produits qu'un donneur d'ordre public peut acheter alors que les normes et certifications contraignent les soumissionnaires à démontrer la conformité des produits et services avec ces exigences. D'un côté le marché est figé puisque seuls les produits homologués peuvent être acquis, de l'autre le marché est restreint puisque l'acheteur public définit les caractéristiques des produits et services fournis par les entreprises. Cette différence a pour conséquence principale que les risques d'ententes sont plus présents dans les achats de produits homologués alors que les risques de corruption augmentent dans les marchés exigeant des normes techniques ou des certifications spécifiques à cause de la faible concurrence. Les réponses apportées par le gouvernement du Québec doivent donc prendre en compte ces différences.

Définir des stratégies limitant la collusion sur les produits homologués

Au Québec, les organismes publics et municipaux ont la faculté de recourir à l'homologation des biens « afin de s'assurer, avant de procéder à un appel d'offre, de la conformité d'un bien à une norme reconnue ou à une spécification technique établie » (Règlement sur certains contrats d'approvisionnement des organismes publics-RCAOP, article 573.1.0.2 de la LCV et 936.0.2 du CM). Les avis d'homologation des organismes gouvernementaux sont publiés au moins une fois par an sur le SEAO. La liste des biens homologués est également diffusée sur le SEAO. Tout AO subséquent à l'homologation est restreint aux seuls biens homologués et peut donner lieu à un contrat d'une durée maximale de 3 ans.

Le MTQ est l'organisme public qui gère le plus grand nombre de programmes d'homologation au Québec. Ces programmes visent à assurer l'utilisation de produits fiables et de qualité, notamment en ce qui a trait à la réalisation de travaux de construction et d'entretien du réseau routier, tout en allégeant le processus d'acquisition. D'autres organismes publics (Centre de services partagés du Québec, groupes d'approvisionnement en commun dans le domaine de la santé) et des municipalités gèrent également leurs propres programmes d'homologation.

Plusieurs programmes d'homologation du MTQ portant sur des produits très spécifiques impliquent seulement 2 ou 3 fournisseurs, localisés au Québec[3]. Une telle structure de marché appelle une vigilance accrue en termes de risque de collusion et de corruption chez les donneurs d'ordre. Bien que des fournisseurs issus de régions canadiennes avec lesquelles le Québec a des accords de commerce soient admis dans les programmes d'homologation, ils passent généralement par des distributeurs ou agents manufacturiers situés au Québec. Cette vigilance accrue en termes de risque de collusion et de corruption doit donc également porter sur ces différents intermédiaires.

Mesurer les effets tangibles de ces stratégies et évaluer systématiquement l'impact des programmes d'homologations sur la concurrence

Néanmoins l'impact de ces stratégies devra être évalué afin d'en vérifier la pertinence. En particulier, dans la pratique, peu d'installateurs d'équipement ou de fournisseurs non québécois (étrangers ou issus d'autres provinces canadiennes) sont actuellement homologués par le MTQ. Il est vrai que ces fournisseurs font souvent appel à des partenaires ou distributeurs québécois pour faire homologuer leurs produits.

Le MTQ a renforcé la prise en compte de la concurrence dans ses processus d'homologation. Un expert de l'analyse des marchés est désormais membre des comités d'homologation, et la révision périodique des programmes d'homologation inclut désormais une analyse de marché. Le Ministère compte une équipe de huit analystes qui réalisent des travaux sur la concurrence, y compris un tableau de bord de suivi fondé sur des indicateurs clés.

Les travaux du MTQ portaient sur l'ensemble de ses marchés, sans priorisation apparente des marchés de biens homologués. Seules les révisions périodiques des programmes d'homologation (une fois tous les trois ans) donnaient lieu à des évaluations spécifiques de leur impact sur la concurrence. Un suivi plus régulier de la concurrence a été mis en place en décembre 2018, comprenant notamment un bilan produit sur une base annuelle. Le MTQ pourrait continuer à renforcer son suivi régulier de la concurrence (mise en place d'indicateurs, études de marchés) sur ses différents programmes d'homologation.

Les autres organismes publics et les municipalités qui gèrent des programmes d'homologation pourraient également évaluer leur impact sur la concurrence, par exemple en développant un tableau de bord sur le modèle du MTQ. La présence systématique d'un expert de l'analyse des marchés dans les comités d'homologation pourrait être rendue obligatoire, y compris dans les municipalités.

Par ailleurs, et plus particulièrement si les stratégies développées ne produisent pas les effets escomptés, les donneurs d'ordre publics ont aussi la possibilité de recourir à des stratégies d'acquisition spécifiques qui peuvent minimiser les risques d'entente entre soumissionnaires. En France, par exemple, l'Union des groupements d'achats publics (UGAP) a implémenté des stratégies d'acquisition dans les marchés à faible concurrence visant à limiter les risques de collusion. Pour ce faire, des contrats-cadre (équivalent des contrats à exécution sur demande et contrats à commandes) ont été établis imposant une distribution dégressive des volumes entre fournisseurs selon leur classement suite à une mise en concurrence. Ces techniques peuvent, entre autre, servir à minimiser les risques de collusions (OCDE, 2017[12]).

Conduire un audit systématique des risques de collusion sur les AO de biens homologués

Le faible nombre de fournisseurs potentiels de biens homologués accentue le risque de collusion entre eux pour se « partager » le marché, ce qui comporte également des risques en terme d'intégrité. L'AMP ou les donneurs d'ordre devraient conduire une analyse systématique des risques de collusion sur les marchés de biens homologués, notamment en utilisant des données issues du SEAO. Une telle analyse suppose une plus grande digitalisation de la passation des marchés publics, comme évoqué dans le chapitre 4. La généralisation de la soumission électronique des offres permettrait notamment de collecter les données nécessaires à l'analyse systématique des risques de collusion, comme le montre l'encadré 4.6.

Encadré 4.6. Analyses automatisées des risques de cartel sur les marchés publics

Corée - Système d'analyse des indicateurs de cartels dans les marchés publics

Le bureau de la concurrence de Corée (*Fair Trade Commission, FTC*) collabore étroitement avec les donneurs d'ordre publics afin d'identifier les transactions présentant un risque d'entente anticoncurrentielle ou de cartel. En plus de ses outils traditionnels (dénonciation de l'entente par des concurrents ou par un de ses membres), en 2006 le Bureau a développé un système d'analyse automatisé des cartels fondé sur des indicateurs (*Bid-Rigging Indicator Analysis System*, BRIAS).

Le système utilise les données du système d'appels d'offres électronique coréen (KONEPS). Il analyse un jeu de données incluant le prix de chaque soumission (comparé à un prix de référence), le nombre de soumissionnaires, la méthode de passation du marché, etc. Le système applique une formule qui génère un score reflétant la probabilité d'entente. Au-delà d'un certain seuil, le système suggère aux utilisateurs de collecter plus de données sur une procédure suspecte. Un seuil élevé peut également donner lieu à une enquête sur une procédure d'achat spécifique, le cas échant. Le système analyse chaque mois les données collectées de KONEPS sur les procédures des mois précédents. Pour les biens et services, le système analyse toutes les procédures supérieures à 423 000 USD, tandis que pour les travaux publics, toutes les procédures au-dessus de 4,2 millions USD sont passées au crible.

Royaume-Uni – Outil de détection des cartels à disposition des donneurs d'ordre publics

Le bureau de la concurrence du Royaume-Uni (*Competition and Markets Authority*) met à la disposition des donneurs d'ordre publics un outil gratuit de détection des cartels. Cet outil analyse automatiquement les soumissions reçues et les documents d'appel d'offre. L'algorithme du système utilise ces données pour faire passer des tests empiriques sur les prix des soumissions, le nombre et la chronologie des soumissions, et les documents d'appels d'offres pour générer un score de suspicion pour chaque procédure.

Les acheteurs publics peuvent paramétrer les tests en fonction de leur connaissance de chaque marché spécifique et des fournisseurs impliqués dans l'appel d'offres. Les résultats détaillés de chaque test sont disponibles pour les utilisateurs.

Sources : Competitions and Markets Authority, *Cartel screening tool for procurers* (Disponible sous : https://www.gov.uk/government/publications/screening-for-cartels-tool-for-procurers/about-the-cartel-screening-tool#case-study-cornwall-council) ; (OCDE, 2016[13]).

Le Québec pourrait s'inspirer de ces deux exemples pour mettre en place des outils d'analyse des risques de collusion fondés sur les statistiques du SEAO. Par ailleurs, le Gouvernement devrait prioriser les marchés de biens homologués (ou comprenant des biens homologués) dans la mise en œuvre de la digitalisation totale de l'ensemble du cycle de gestion contractuelle.

Considérer la centralisation des programmes d'homologation des municipalités

L'homologation de biens par chaque municipalité crée des coûts et des délais supplémentaires pour les fournisseurs. En effet, ils doivent préparer un dossier d'homologation pour chaque municipalité et se rendre disponible pour participer aux éventuelles démonstrations sur place. La multiplicité des processus d'homologation pourrait décourager les nouveaux entrants et les fournisseurs étrangers ou résidents d'autres provinces canadiennes.

Par ailleurs, les municipalités n'ont pas toujours les moyens et la taille critique leur permettant de conduire les analyses d'impact sur la concurrence ou les audits de risque de collusion Le Québec pourrait donc examiner l'opportunité de confier les programmes d'homologation municipaux au pôle d'expertise sous l'égide MAMH ou encore à la société québécoise des infrastructures. Le centre de services partagés pourrait gérer les programmes d'homologation portant sur les technologies de l'information. Une autre piste serait de prévoir une reconnaissance mutuelle des homologations de produits entre municipalités, ou de rendre l'homologation obligatoire par des groupes d'approvisionnement en commun réunissant plusieurs municipalités, qui existent déjà s'agissant du matériel médical.

Un tel processus d'homologation plus centralisé pourrait attirer un plus grand nombre de fournisseurs, car il permettrait l'accès à des volumes plus importants. L'accroissement du nombre de fournisseurs potentiels dont les produits sont homologués découragerait les schémas de collusion entre fournisseurs en stimulant l'arrivant de nouveaux entrants issus des provinces limitrophes, tels que l'Ontario dans le cas des appels d'offres dans la région métropolitaine de Montréal.

Harmoniser les normes et exigences de certifications et encourager l'innovation chez les fournisseurs

Au Québec comme dans de nombreux pays de l'OCDE, les organismes publics et les municipalités se réfèrent fréquemment à des normes techniques et exigent de leurs fournisseurs des produits certifiés conformes à ces normes. Au Québec, la plupart de ces normes sont émises par le Bureau de normalisation du Québec (BNQ) ou un autre organisme accrédité par le Conseil canadien des normes (CNN). Certains appels d'offres exigent des fournisseurs la conformité à une norme américaine ou européenne (normes CE). Les organismes publics concourent également à la formation de nouvelles normes : la Régie de l'Assurance maladie du Québec (RAMQ) contribue par exemple à la formation d'une norme technique en matière de fauteuils roulants sous l'égide du BNQ.

En facilitant la compatibilité des produits et services, l'adoption de normes a normalement un effet favorable sur la concurrence car elle favorise la diversité de l'offre et permet aux acheteurs de comparer aisément différents produits, en réduisant les asymétries d'information. Les normes sont également un élément important en matière d'innovation-produit, car des produits innovants certifiés conformes aux normes techniques sont plus facilement acceptés par les consommateurs et les donneurs d'ordres (OCDE, 2017[14]). Toutefois, les normes techniques peuvent également retarder l'innovation et donc l'arrivée de nouveaux entrants sur les marchés, notamment dans les cas où deux conditions sont remplies: 1) La base installée correspondant à une norme ancienne est importante et 2) Un produit innovant n'est pas compatible avec l'ancienne norme. (Forrell, Solaner and Org, 1986[15])

Au Canada, les normes techniques et exigences de certification auxquelles sont confrontés les acteurs économiques peuvent varier selon les provinces. De nombreuses normes et exigences de certification présentent des différences qui créent des obstacles techniques au commerce intérieur (Conseil canadien des normes, 2018[16]). Sur certains marchés publics, ces différences peuvent entraîner une réduction du vivier des fournisseurs potentiels, créant un terrain favorable aux ententes entre fournisseurs. Ces ententes accroissent les risques de corruption au sein des acheteurs publics.

Afin d'atténuer l'impact « anti-concurrentiel » des normes et exigences règlementaires sur les marchés publics, les recommandations ci-dessous présentent 3 leviers à la disposition du gouvernement du Québec.

Poursuivre les efforts d'harmonisation des normes et des exigences de certification au sein du Canada et avec l'Ontario

Les provinces canadiennes sont engagées dans des efforts d'harmonisation des normes et des exigences de certification, qui constitue un des objectifs de l'Accord de libre-échange canadien (ALEC) entré en vigueur en 2017. Le Conseil canadien des normes est engagé dans l'identification obstacles normatifs au commerce interprovincial, aux côtés des associations industrielles canadiennes.

Néanmoins, les fournisseurs des autres provinces canadiennes ne participent pas ou peu à de nombreux marchés publics au Québec. Par exemple, la Régie de l'Assurance maladie du Québec rapporte que les soumissionnaires résidents d'autres provinces canadiennes ne participent à ses AOP, sur lesquels les normes techniques jouent un rôle prépondérant. Un des moyens d'augmenter la participation de fournisseurs issus d'autres provinces canadiennes est l'harmonisation des normes techniques et exigences de certification entre provinces. L'harmonisation ne signifie pas l'adoption pure et simple des normes et exigences de certification des autres Provinces, mais plutôt l'élaboration progressives de standards communs. Le Gouvernement du Québec pourrait donc poursuivre sa contribution à l'harmonisation des normes et exigences de certification au niveau fédéral, afin de lever les obstacles techniques à une concurrence accrue sur les marchés publics. Par ailleurs, une meilleure coordination entre les organismes d'évaluation des normes (OEN) et les autorités de règlementation fédérales, provinciales et municipales est nécessaire afin d'éviter l'élaboration d'exigences non harmonisées dans les secteurs nouvellement règlementés (Conseil canadien des normes, 2018). Le Gouvernement du Québec pourrait contribuer à la conciliation des exigences de normalisation dans le cadre de la modernisation de l'ALEC.

L'Accord de commerce et de coopération entre le Québec et l'Ontario (ACCQO) de 2009 comprend des dispositions relatives à la coopération règlementaire (Chapitre 3, et notamment l'article 3.6). À défaut d'une harmonisation au niveau fédéral, l'harmonisation des normes techniques et des exigences de certifications entre le Québec et l'Ontario, notamment en ce qui concerne les travaux de construction, peut être un levier puissant pour intensifier la concurrence sur les marchés publics dans la région métropolitaine de Montréal. Un Comité conjoint sur la collaboration en matière de réglementation (Article 3.6 de l'ACCQO) pourrait par exemple être réuni ou réactivé entre les experts du MTQ et des représentants du Ministère des transports de l'Ontario.

Le MTQ, principal donneur d'ordre en matière de travaux de construction, reconnait les évaluations techniques des produits dans d'autres juridictions similaires au Québec dans le cadre de trois de ses programmes d'homologation. Cela a porté ses fruits puisqu'un fabriquant de peinture de marquage des routes d'Ontario est homologué par le MTQ depuis 2017. Cependant, il s'agit du seul fabriquant ontarien homologué par le MTQ. Le Ministère pourrait donc poursuivre ses efforts en engageant une étude auprès des fournisseurs de l'Ontario pour identifier les obstacles potentiels à la présentation de leurs produits à ses programmes d'homologation. L'inclusion d'un formulaire de non-réponse (qui existe déjà dans les dossiers d'AOP) permettrait de renseigner le Ministère sur les raisons pour lesquelles les fournisseurs d'autres provinces canadiennes ne participent pas à ses programmes d'homologation.

Suite à ses analyses internes concernant la concurrence sur ses marchés d'approvisionnement, et dans le cadre de la révision de ses programmes d'homologation, le Ministère pourrait reconnaitre plus fréquemment les normes comparables en vigueur en Ontario en matière d'équipement routier sur les segments pour lesquels le niveau de concurrence entre fournisseurs est insatisfaisant. Le choix de l'Ontario fait sens au vu du vivier de fournisseurs potentiels de cette province et de sa proximité géographique avec les zones densément peuplées du Québec (notamment la région métropolitaine de Montréal). En effet, l'Ontario représente une part significative (36%) des employés dans le secteur de la construction au Canada.

Outre le MTQ, d'autres organismes publics tels que la Régie de l'Assurance maladie du Québec (RAMQ) ou la ville de Montréal pourraient envisager de reconnaître les normes et certifications comparables en vigueur en Ontario sur certains marchés publics où le niveau de concurrence est insatisfaisant. Dans tous les cas, une telle reconnaissance donnerait bien entendu lieu à un examen technique approfondis par l'organisme québécois compétent.

Favoriser l'innovation chez les fournisseurs via des processus d'évaluation des produits innovants et des programmes pour les achats publics innovants

Favoriser l'innovation chez les fournisseurs est un moyen de stimuler la concurrence et bien souvent de promouvoir l'accès de nouveaux entrants (parfois des PME innovantes) aux marchés publics, et par conséquent d'y accroître le niveau de concurrence. L'accès de nouveaux entrants contribue également à déjouer les schémas de corruption administrative accompagnant la collusion dans de nombreux appels d'offres. En effet, la littérature (Compte, Lambert-Mogiliansky and Verdier, 2005[17]) démontre en effet que faciliter l'arrivée de nouveaux entrants non impliqués dans les réseaux de corruption des acteurs établis est un moyen de rétablir une juste compétition entre fournisseurs.

Il est néanmoins possible que les nouveaux produits ou nouvelles technologies ne respectent pas les normes techniques établies auxquelles se réfèrent les AO et les programmes d'homologation. Afin de favoriser l'innovation chez les fournisseurs, les donneurs d'ordre pourraient mettre sur pieds un processus d'évaluation des nouveaux produits et des nouvelles technologies, à l'instar de ce qui est pratiqué par le MTQ.[4]

Pour les municipalités qui gèrent des programmes d'homologation, la mise en place d'un tel processus pourrait être problématique en raison d'un manque de personnel spécialisé et de ressources financières. C'est pourquoi la mise en place d'un tel processus pourrait aller de pair avec la centralisation des programmes d'homologations gérées par les municipalités.

Les organismes publics pourraient également s'engager dans une démarche d'innovation pré-commerciale, consistant à solliciter des services de recherche et développement pour la création de produits innovants adaptés à leurs besoins et qui puissent être testés pour s'assurer de leur conformité avec les exigences couvertes par les normes existantes. Le développement de ces innovations pré-commerciales pourrait nécessiter un programme gouvernemental spécifique, à l'image du programme d'innovation fédéral dans le domaine des marchés publics « construire au Canada » (encadré 4.7).

Encadré 4.7. Le Programme d'innovation « Construire au Canada »

Le programme d'innovation "Construire au Canada" aide les innovateurs à franchir les dernières étapes de la recherche et du développement, passant du laboratoire à la mise sur le marché. Le programme leur permet de tester leurs innovations dans un environnement opérationnel, au sein des structures du Gouvernement fédéral canadien.

Le Programme alloue des contrats publics aux entrepreneurs dont les innovations sont au stade pré-commercial à travers un processus d'acquisition ouvert, transparent et compétitif. Ces contrats débouchent sur une phase de test opérationnel. Les Départements concernés fournissent une évaluation aux entrepreneurs quant à la performance opérationnelle de leurs biens et services innovants. Par ce biais, le Programme permet aux innovateurs d'entrer sur le marché avec une première expérience positive d'utilisation de leurs innovations. Avec l'aide du Bureau des petites et moyennes entreprises (BPME) de de Services Public et Approvisionnement Canada (SPAC), le Programme informe également les PME innovantes sur la manière de participer aux marchés publics fédéraux du Canada.

Source: Country response to (OCDE, 2017[18]), "OECD Survey on Strategic Procurement for innovation 2015", in Public Procurement for Innovation: Good Practices and Strategies, Annex C, OECD Publishing, Paris.

Maintenir des niveaux d'exigence de performance et de qualité élevés sans limiter indûment la concurrence

Au Québec, la règlementation permet aux organismes publics d'exiger des fournisseurs la mise en œuvre d'un système d'assurance qualité, et notamment d'une norme ISO. En matière d'assurance de qualité, la norme généralement utilisée est ISO 9001 : 2015 (ISO 9001 : 2008 dans sa version antérieure). Un système comparable est en place dans le domaine des spécifications environnementales (la plus fréquente est la norme ISO 14001) qui peuvent être exigées des fournisseurs par les donneurs d'ordre publics, sauf en matière de travaux de construction.

Cependant, l'organisme public peut opter pour un système alternatif dit de « marges préférentielles » s'il considère que l'exigence de conformité aux normes ISO « réduit indûment la concurrence ». Le système des marges préférentielles permet d'accepter des soumissionnaires qui ne sont pas dotés d'un système d'assurance qualité conforme à la norme. Toutefois, il donne un avantage aux soumissionnaires qui présentent des systèmes d'assurance qualité conformes lors de la phase d'adjudication : leurs prix sont fictivement réduits d'une marge comprise entre 0 et 10% (aux fins d'adjudication seulement). Le recours à un système d'assurance qualité est obligatoire dans un seul cas : celui d'un contrat de services professionnels en matière de technologie de l'information, pour tout contrat d'un montant supérieur à 2 million USD. Le dirigeant de l'organisme public peut néanmoins, s'il le juge à propos, autoriser une dérogation à l'application de cette obligation.

La recherche de terrain de l'OCDE a mis en évidence que les organismes publics ont des pratiques différentes en ce qui concerne l'exigence de processus conformes aux normes ISO chez leurs fournisseurs.

En effet, la mise en place d'un système d'assurance qualité conforme à la norme ISO 9001 ou de performance environnementale conforme à la norme ISO 14001 engendre des coûts et nécessite un investissement important des collaborateurs des fournisseurs. D'après la Banque de développement du Canada, l'ensemble du processus de certification de la norme ISO 9001 peut durer entre 8 et 18 mois et exiger 12 000 USD et 50 000 USD. Le coût des vérifications d'enregistrement qui varient habituellement entre 2 000 USD et 30 000 USD par an[5] peuvent s'avérer trop élevés pour les PME et les nouveaux entrants souhaitant participer aux AO publics. Ils peuvent donc diminuer le niveau de concurrence sur les marchés publics en restreignant le vivier de fournisseurs potentiels aux acteurs établis déjà titulaires des certificats de conformité aux normes.

Le gouvernement du Québec pourrait considérer la possibilité que les DOP ne puissent pas exiger la conformité à des normes ISO pour les marchés publics portant sur des montants modestes. En effet, les PME et les nouveaux entrants pour lesquels la certification ISO pourrait représenter des coûts insurmontables s'intéressent généralement aux appels d'offre portant sur des montants limités.

Dans les cas où le DOP juge la référence à une norme ISO indispensable dans le cadre d'une procédure de faible montant, l'usage du système des marges préférentielles pourrait être privilégié. En effet, un tel système conserve une incitation pour l'ensemble des opérateurs économiques (y compris les PME et les nouveaux entrants) à se conformer aux normes ISO en matière d'assurance qualité et à obtenir leur certification auprès d'un organisme d'évaluation de conformité accrédité sans pour autant limiter la concurrence.

Adapter les délais de soumission à la réalité des marchés pour accroître la participation aux appels d'offre

Il existe un lien étroit entre l'intégrité du système, le degré de concurrence dans les AO et le délai de soumission des offres. En effet, une durée d'AO trop courte ne permet pas de créer un environnement concurrentiel et représente un risque d'atteinte à l'intégrité. Dans son manuel pour les fonctionnaires impliqués dans les achats publics, la Banque Mondiale (2014[19]) indique qu'un délai de soumission trop court peut rendre très difficile la préparation de dossiers d'AO solides pour les soumissionnaires habituels, et au contraire favorise la sélection de soumissionnaires dotés d'informations privilégiées parce qu'ils ont corrompu le donneur d'ordre. Par ailleurs, des délais trop courts peuvent inciter certains soumissionnaires à tenter d'obtenir des informations privilégiées avant la publication de l'AO afin de mieux préparer leurs soumissions. Au Québec, de tels cas ont été décrits par la commission Charbonneau, par exemple dans le dossier des compteurs d'eau à Montréal (Faubourg Contrecoeur).

Ajuster davantage les délais de soumission des offres en fonction de la taille et de la complexité des AOs.

Plusieurs analyses empiriques confirment le lien entre l'intégrité des marchés publics, les délais de soumission des offres et l'environnement concurrentiel dans un AO donné. Fazekas, Tóth and King (2016[20]) ont mis en évidence que les périodes de soumission courtes dans les AO sont associées à des indicateurs indirects de corruption plus élevés (part des AO avec un seul soumissionnaire ou un seul soumissionnaire conforme, par exemple). De plus, s'appuyant sur les données du journal des marchés publics européens TED entre 2009 et 2014, Fazekas and Kocsis (2017[21]) montrent que des durées de soumission « extrêmes » (très courtes ou très longues) sont positivement corrélées avec l'existence de marchés où un seul soumissionnaire présente une offre, cette situation étant symptomatique d'un risque de corruption. Les périodes extrêmes sont définies au cas par cas en fonction des règles en vigueur et pratiques de marché dans les différents pays.

Le Québec a récemment augmenté le délai minimum de soumission pour certains appels d'offres

Des réponses différentes sont apportées par les pays de l'OCDE à la question des délais de soumission d'offres dans le cadre des marchés publics. Par exemple, dans les pays de l'Union Européenne un délai minimum est prévu alors que par exemple aux États-Unis, les règles des marchés publics fédérales donnent une plus grande liberté aux organismes publics : elles précisent seulement qu'il doit être suffisant pour donner aux soumissionnaires un temps suffisant pour préparer leurs offres.

Au Québec, la règlementation actuelle prescrit un délai minimal de soumission de 15 jours pour tous les AOP des organismes publics et municipaux. Les donneurs d'ordre peuvent toutefois prévoir un délai supérieur afin de garantir les meilleures conditions de concurrence. Suite à la publication d'un AOP, un soumissionnaire peut également demander à l'organisme public ou municipal de prolonger le délai. Si l'organisme accepte, un *addenda* sera publié au SEAO et tous les soumissionnaires pourront s'en prévaloir.

Néanmoins, depuis 2017 un délai de soumission minimal de 30 jours (25 jours en cas de soumission électronique) est prévu pour certains grands AOP visés par l'AECG (l'Accord économique et commercial global entre le Canada et l'union européenne): les AOP de biens et services de plus de 365 700 USD et les contrats de construction de plus de 9.1 millions USD.[6]

Encadré 4.8. Délais minimums de soumission dans le cadre d'appel d'offres ouvert

Certains pays de l'OCDE ont prévu dans leurs cadres réglementaires un délai minimum pour la soumission des appels d'offres ouverts :

- Union Européenne : la Directive 2014/24/UE du Parlement européen et du Conseil du 26 février prévoit que les marchés publics dépassant les seuils imposant un recours à une procédure ouverte doivent prévoir une période de soumission minimale de 35 jours. En dessous de ces seuils, ce sont les législations nationales qui régissent le délai de soumission.
- Australie : les règles fédérales relatives aux achats publics fixent un délai de soumission minimal de 30 jours.
- Chili : la loi sur les marchés publics prévoit un délai minimum de 30 jours pour les appels d'offres à partir de CLP 238.645.000 (USD 375 000).
- Nouvelle-Zélande : l'article 31 des Règles d'Approvisionnement du Gouvernement (*Government Rules of Sourcing*) prévoit un délai minimal de 25 jours pour les appels d'offres ouverts.

Sources : (Commission européenne, 2014[3]; Ministère des Finances, Australie, 2017[22]; Gouvernement de la Nouvelle-Zélande, 2011[23]; Ministère des Finances, Chili, 2004[24]).

À première vue, les délais minimums prévus au Québec sont donc sensiblement plus réduits que ceux en vigueur dans d'autres juridictions (encadré 4.8). Cependant, les organismes publics et municipaux ont la faculté de prévoir des délais plus longs, ce qui est une pratique relativement répandue comme le montre le tableau 4.2.

Tableau 4.2. Délai moyen de réception des soumissions (en nombre de jours) des AOP

Typologie d'achats	2015-2016	2016-2017
Approvisionnement	27	29
Services	24	22
Travaux de construction	24	27
Total	24	25

Note : Le délai moyen a été calculé en fonction de l'écart de jour entre la date de lancement et la date de fermeture de l'appel d'offres.
Source : Secrétariat du Conseil du Trésor – SEAO.

Par ailleurs, et ce depuis l'introduction du délai minimal étendu dans le cadre des marchés publics soumis à l'AECG en 2017, les procédures les plus importantes sont soumises à des délais supérieurs, se rapprochant ainsi de la pratique internationale pour des achats de montants supérieurs aux seuils de l'AECG (cf. ci-dessus).

Développer des lignes directrices définissant les délais moyens cibles en fonction des typologies d'achat

En termes de délais, la problématique centrale est moins la question des délais minimums que leur adaptation à la complexité du marché en cause. Dans le cas du Québec, les délais de soumissions de certains AO pourraient ne pas être adaptés à la complexité des offres et à la réalité du marché, ce qui peut augmenter le risque d'atteinte à l'intégrité dû au manque de concurrence.

Comme le montre le tableau 4.2 ci-dessus, les délais de soumission moyens sont généralement supérieurs au délai minimum de 15 jours, ce qui laisse supposer que les DOP choisissaient régulièrement des délais effectifs supérieurs au délai minimum, et ce avant même l'entrée en vigueur de l'AECG en 2017. Cela montre une certaine adaptation des délais de soumission aux caractéristiques de chaque appel d'offre.

Cependant, les délais effectifs de soumission pour les travaux de construction semblent très proches des autres catégories d'achats (services et approvisionnement). Ainsi, en 2015-2016, les délais moyens s'élevaient à 27 jours pour les contrats d'approvisionnement et de services et à 24 jours pour les travaux de construction. À partir de juillet 2017, l'entrée en vigueur de l'AECG portant à 30 jours le délai minimum de soumission sur les AOP au-dessus des seuils a augmenté les délais moyens. En-dessous des seuils, cependant, les délais de soumission n'ont pas sensiblement évolué et demeurent très proches pour les différentes procédures (26 jours calendaires pour les travaux de construction et 23 jours pour les contrats de service et d'approvisionnement). Sachant que les seuils sont bien plus bas pour les contrats d'approvisionnement (365 700 USD) que les pour les travaux de construction (9.1 millions USD), le problème des délais de soumission potentiellement trop courts concerne surtout les travaux de construction.

Surtout, les statistiques sur l'extension en cours d'appel d'offres du délai de soumission suggèrent que les délais de certains AO pourraient être trop courts En effet, les *addendas* qui ont pour conséquence de repousser la date limite de réception des offres des AOP représentent une proportion considérable des AOP : plus d'un tiers (35%) des AOP des organismes publics ont fait l'objet d'un tel *addenda* sur 2016-2017, et un peu plus de 27% concernant les AO municipaux. En outre, la part des AOP faisant l'objet de tels *addendas* est en augmentation : elle représentait respectivement 31% (organisme publics) et 22.1% (municipalités) de l'ensemble des AOP sur 2014-2015. Plusieurs aléas peuvent survenir et forcer l'organisme public à revoir sa planification. Toutefois, ces reports d'*addenda* de plus en plus fréquents pourraient indiquer que les donneurs d'ordre sous-estiment parfois la durée de soumission nécessaire au vu de la complexité et de la taille de leurs AOP.

En conséquence, le Gouvernement du Québec pourrait inciter les organismes publics et les municipalités à ajuster davantage le délai de soumission des offres à la complexité des AOP, notamment s'agissant des travaux de construction. Par exemple, il pourrait développer des lignes directrices définissant des délais moyens cibles de soumission pour chaque donneur d'ordre et par catégorie d'achats. Cet élément est d'autant plus important que la planification des achats futurs n'est que très occasionnellement publiée au Québec, comme évoqué plus en détail au chapitre 4.

Ajuster les délais moyens cibles de soumission en fonction de la publication d'avis préalables d'information et des soumissions électroniques

Le présent rapport recommande au Gouvernement du Québec d'envisager la publication obligatoire d'avis préalables d'information et de plans d'achat par les organismes publics et municipaux (Chapitre 4). Les délais moyens cibles de soumission des offres pourraient être inférieurs en cas de publication d'un avis préalable d'information sur le SEAO ou en cas de publication des plans d'achat. De plus, ce délai pourrait être réduit si l'organisme public ou municipal impose la soumission électronique des offres. L'Australie et l'UE offrent des exemples d'ajustement des délais de soumission des AO en fonction de ces critères (encadré 4.9).

Encadré 4.9. Délais de soumission différentiés dans l'Union européenne et en Australie

Dans l'Union européenne, en cas des procédures ouvertes, le délai minimal de soumission est de 35 jours, mais il est réduit à 30 jours si la soumission électronique est admise est à seulement 15 jours si un avis de pré-information a été publié.

En Australie, les règles fédérales relatives aux achats publics fixent un délai de soumission minimal de 25 jours dans le cas d'un AO électronique, et de 30 jours dans le cas d'un AO non-électronique. Cependant, la période de soumission de l'appel d'offres peut être inférieure (comprise entre 25 jours et 10 jours) si un plan d'achat détaillé a été publié sur la plateforme électronique des marchés publics *AusTender* entre 40 jours et un an avant la publication de l'avis de marché.

Sources : (Commission européenne, 2014[3]; Ministère des Finances, Australie, 2017[22]).

Adapter le délai minimal de soumission pour les appels d'offres par invitation (AOI)

L'AOI (Appel d'offres sur invitation) est une procédure sans publicité qui permet aux donneurs d'ordre publics de solliciter des soumissions auprès de certains fournisseurs (voir Chapitre 4). La règlementation fixe un délai minimal de soumission des offres de huit jours.

Ce délai minimal est plus court que dans de nombreux autres pays de l'OCDE (encadré 4.9). Par exemple, dans l'État de New York, un délai minimal de soumission de 15 jours s'applique à tous les types de procédures en dessous du seuil de l'AOP. Au Chili, les délais de soumission d'offres en réponses à un appel d'offres privés sont identiques à ceux prévus pour les appels d'offres publics et dépendent du montant prévisionnel de l'appel d'offres (20 jours au-dessus d'environ CAD 89 000 et 10 jours au-dessus d'environ CAD 8 900) et de la complexité des biens et services à acquérir.

Le Gouvernement du Québec pourrait donc inciter les organismes publics et municipaux à adapter les délais de soumission en réponse aux AOI en fonction de la complexité et du montant des marchés et à appliquer, le cas échéant, le même délai que dans le cadre d'un AOP (15 jours), notamment s'agissant des marchés de construction.

Augmenter le délai de 7 jours en cas d'addenda ayant un impact sur le prix des soumissions

Même si les délais de soumission d'offres sont, et plus particulièrement pour les plus complexes et coûteux, relativement alignés avec la pratique internationale, la question du temps de réponse laissé aux soumissionnaires à la suite de modifications substantielles de la documentation d'appel d'offres fait peser un risque supplémentaire de corruption sur le marché public en cause. Dans leur recherche empirique sur les AO en Hongrie, Fazekas, Tóth and King (2016[20]) trouvent qu'un délai de soumission plus court que le délai légal, notamment en comptant abusivement les week-ends comme des jours ouvrés, augmente la probabilité qu'un seul soumissionnaire soit déclaré conforme (un facteur de risque de corruption) d'environ 20%.

Tout *addenda* aux documents d'appel d'offres susceptible d'avoir une incidence sur les prix des soumissions (changement des spécifications techniques ou de la quantité) implique un délai minimal de 7 jours entre sa publication et la date de clôture de l'AOP. Le cas échéant, le donneur d'ordre public doit repousser la clôture de l'AOP afin de respecter ce délai minimal.

Ce type de changements exige des soumissionnaires qu'ils réexaminent leurs offres et parfois en profondeur. En France, en cas modification substantielle d'un appel d'offres ouvert ayant un impact sur le prix, la jurisprudence administrative oblige les donneurs d'ordre à relancer un nouvel appel d'offre public en respectant à nouveau les délais minimums de soumission.[7] Afin d'éviter les risques de corruption inhérents à des délais de préparation des soumissions trop courts, le Gouvernement du Québec devrait augmenter ce délai minimal de 7 jours pour le rapprocher du délai minimal de soumission des AOP (15 jours).

Plan d'action

Communication avec le secteur privé

- Maximiser le potentiel du SEAO afin de communiquer avec les fournisseurs de manière équitable et transparente
- Développer des outils afin d'encadrer de manière appropriée l'interaction avec les fournisseurs à l'étape de la recherche et de l'acquisition de connaissances sur les marchés

L'utilisation de contrôles accrus sur l'intégrité des entreprises

- Fixer des objectifs clairs et mesurables pour le régime d'autorisation de contracter
- Considérer étendre le régime d'autorisation de contracter à davantage de marchés publics sur la base d'une analyse du risque.
- Considérer le critère coût total d'acquisition au lieu du critère prix afin de s'assurer de la comparabilité réelle des offres et instaurer un Comité de sélection lors de l'utilisation du critère prix

Concilier les contraintes réglementaires avec une concurrence élevée

- Mesurer les effets tangibles de ces stratégies et évaluer systématiquement l'impact des programmes d'homologations sur la concurrence
- Conduire un audit systématique des risques de collusion sur les AO de biens homologués
- Considérer la centralisation des programmes d'homologation des municipalités
- Poursuivre les efforts d'harmonisation des normes et des exigences de certification au sein du Canada et avec l'Ontario
- Favoriser l'innovation chez les fournisseurs via des processus d'évaluation des produits innovants et des programmes pour les achats publics innovants
- Maintenir des niveaux d'exigence de performance et de qualité élevés sans limiter indûment la concurrence

Adapter les délais de soumissions à la réalité des marchés

- Développer des lignes directrices définissant les délais moyens cibles en fonction des typologies d'achat
- Ajuster les délais moyens cibles de soumission en fonction d'avis préalables d'information et des soumissions électroniques
- Adapter le délai minimal de soumission pour les appels d'offres par invitation (AOI) à la complexité et au montant du marché
- Augmenter le délai de 7 jours en cas d'addenda ayant un impact sur le prix des soumissions

Références

Banque Mondiale (2014), *Fraud and corruption awareness handbook : A handbook for civil servants involved in public procurement*, Groupe de la Banque mondiale, http://documents.worldbank.org/curated/en/309511468156866119/Fraud-and-corruption-awareness-handbook-a-handbook-for-civil-servants-involved-in-public-procurement. [19]

Bégin, L. et al. (2016), "Rapport du Comité public de suivi des recommandations de la Commission Charbonneau", *Éthique publique* vol. 18, n° 2, http://dx.doi.org/10.4000/ethiquepublique.2789. [11]

CEIC (2015), *Rapport final de la Commission d'enquête sur l'octroi et la gestion des contrats publics dans l'industrie de la construction*, https://www.ceic.gouv.qc.ca/fileadmin/Fichiers_client/fichiers/Rapport_final/Rapport_final_CEIC_Integral_c.pdf. [10]

Champagne, S. (2018), "Plus de concurrence depuis la commission Charbonneau", *La Presse*, http://www.lapresse.ca/affaires/portfolio/ingenieurs-conseils/201802/21/01-5154755-plus-de-concurrence-depuis-la-commission-charbonneau.php. [5]

Commission européenne (2014), *Directive 2014/24/UE du Parlement européen et du Conseil du 26 février 2014 sur la passation des marchés publics et abrogeant la directive 2004/18/CE*, http://data.europa.eu/eli/dir/2014/24/oj. [3]

Compte, O., A. Lambert-Mogiliansky and T. Verdier (2005), *Corruption and Competition in Procurement Auctions*, WileyRAND Corporation, http://dx.doi.org/10.2307/1593751. [17]

Conseil canadien des normes (2018), *Solutions de normalisation pour éliminer les obstacles au commerce canadien*, https://www.scc.ca/fr/system/files/publications/SCC_RPT_Standardization_Solutions_To_Remove_Trade_Barriers_in_Canada-FR.pdf. [16]

Fazekas, M. and G. Kocsis (2017), "Uncovering High-Level Corruption: Cross-National Objective Corruption Risk Indicators Using Public Procurement Data", *British Journal of Political Science*, pp. 1-10, http://dx.doi.org/10.1017/S0007123417000461. [21]

Fazekas, M., I. Tóth and L. King (2016), "An Objective Corruption Risk Index Using Public Procurement Data", *European Journal on Criminal Policy and Research*, http://dx.doi.org/10.1007/s10610-016-9308-z. [20]

Forrell, J., G. Solaner and E. Org (1986), "Competition, Compatability and Standards: The Economics of Horses, Penguins and Lemmings", Department of Economics, Institute for Business and Economic Research, UC Berkeley., https://escholarship.org/uc/item/48v4g4q1 (accessed on 7 September 2018). [15]

Gouvernement de la Nouvelle-Zélande (2011), *Mastering Procurement: A structured approach to strategic procurement*, https://www.procurement.govt.nz/assets/procurement-property/documents/guide-mastering-procurement.pdf. [23]

Hjelmeng, E. and T. Søreide (2014), "Debarment in Public Procurement: Rationales and Realization", in Racca, G. and C. Yukins (eds.), *Integrity and Efficiency in Sustainable Public Contracts*, Bruylant, http://doi.org/10.13140/2.1.4950.4645. [2]

Lambert-Mogiliansky, A. and K. Sonin (2006), "Collusive market sharing and corruption in procurement", *Journal of Economics and Management Strategy*, http://dx.doi.org/10.1111/j.1530-9134.2006.00121.x. [9]

Ministère des Finances, Australie (2017), *Commonwealth Procurement Rules: Achieving value for money*, Gouvernement d'Australie, Ministère des Finances, https://www.finance.gov.au/sites/default/files/commonwealth-procurement-rules-1-jan-18.pdf (accessed on 13 May 2018). [22]

Ministère des Finances, Chili (2004), *Reglamento de la ley N° 19.886 de bases sobre contratos administrativos de suministro y prestación de servicios*, https://www.leychile.cl/Navegar?idNorma=230608. [24]

OCDE (2017), *OECD Integrity Review of Mexico: Taking a Stronger Stance Against Corruption*, Examens de l'OCDE sur la gouvernance publique, Éditions OCDE, Paris, http://dx.doi.org/10.1787/9789264273207-en. [4]

OCDE (2017), "OECD Survey on Strategic Procurement for innovation 2015", in *Public Procurement for Innovation: Good Practices and Strategies*, Éditions OCDE, Paris, https://dx.doi.org/10.1787/9789264265820-42-en. [18]

OCDE (2017), *Public Procurement for Innovation: Good Practices and Strategies*, Examens de l'OCDE sur la gouvernance publique, Éditions OCDE, Paris, http://dx.doi.org/10.1787/9789264265820-en. [14]

OCDE (2017), *Public Procurement in Chile: Policy Options for Efficient and Inclusive Framework Agreements*, Examens de l'OCDE sur la gouvernance publique, Éditions OCDE, Paris, http://dx.doi.org/10.1787/9789264275188-en. [12]

OCDE (2016), *Improving ISSSTE's Public Procurement for Better Results*, Examens de l'OCDE sur la gouvernance publique, Éditions OCDE, Paris, http://dx.doi.org/10.1787/9789264249899-en. [1]

OCDE (2016), *The Korean Public Procurement Service: Innovating for Effectiveness*, Examens de l'OCDE sur la gouvernance publique, Éditions OCDE, Paris, http://dx.doi.org/10.1787/9789264249431-en. [13]

PwC (2014), *Fighting corruption and bribery in the construction industry*, Engineering and construction sector analysis of PwC's 2014 Global Economic Crime Survey, https://www.pwc.com/gx/en/economic-crime-survey/assets/economic-crime-survey-2014-construction.pdf. [7]

VGQ (2018), *Autorisation de conclure des contrats et sous-contrats publics*, Rapport du Vérificateur général du Québec, http://www.vgq.gouv.qc.ca/fr/fr_publications/fr_rapport-annuel/fr_2018-2019-juin2018/fr_Rapport2018-2019-PRINTEMPS-ChapAMF.pdf. [6]

VGQ (2016), *Contrats d'achats regroupés en technologies de l'information*, Rapport du Vérificateur général du Québec, https://www.vgq.qc.ca/Fichiers/Publications/rapport-annuel/2016-2017-VOR-Printemps/fr_Rapport2016-2017-VOR-Chap02.pdf. [8]

Notes

[1] C'est-à dire les actionnaires, dirigeants et administrateurs.

[2] Au Québec, l'homologation est une procédure de validation des produits par le donneur d'ordre antérieurement à la publication de l'AO lui-même.

[3] C'est le cas par exemple du programme HOM 5660 – 101 « Dispositifs d'extrémité de glissière de sécurité semi-rigide ». Dans le cadre d'un autre programme (« Systèmes pour structures d'éclairage et de signalisation lumineuse » HOM 6310), il existe seulement deux produits homologués, fournis par des installateurs qui se fournissent chez le même fabricant américain.

[4] Le processus d'évaluation des nouveaux produits et des nouvelles technologies du MTMDET permet aux fabricants de produits innovants de les soumettre pour un examen approfondis. Se référer au site du Ministère pour plus de détails sur ce processus : https://www.transports.gouv.qc.ca/fr/entreprises-partenaires/entreprises-reseaux-routier/guichet-unique-qualification-produits/Pages/evaluation-produits-nouvelle-technologie.aspx

[5] Présentation de la norme ISO sur le site de la Banque, https://www.bdc.ca/fr/articles-outils/operations/iso-autres-certifications/pages/processus-certification-iso.aspx

[6] Seuils valables en Juillet 2018, susceptibles d'évoluer en fonction de l'évolution des taux de change. Les seuils originaux sont exprimés en droits de tirage spéciaux du FMI.

[7] CE, 16 novembre 2005, Ville de Paris, no 278646. Texte du jugement disponible sur https://www.legifrance.gouv.fr/affichJuriAdmin.do?oldAction=rechJuriAdmin&idTexte=CETATEXT000008223687&fastReqId=1479551974&fastPos=1.

5 L'importance de l'exécution contractuelle dans la détection, la prévention et la gestion des risques de fraude et de corruption au Québec

Le présent chapitre analyse les mesures mises en œuvre par le gouvernement du Québec pour renforcer la résilience de la phase d'exécution des marchés publics aux risques de fraude et de corruption. Il discute du renforcement de l'attention accordée par les acteurs publics à cette étape critique de la commande publique. Le présent chapitre identifie également des efforts complémentaires qui permettraient de responsabiliser plus largement l'ensemble des acteurs dans la détection, la prévention et la gestion des risques de fraude et de corruption. Enfin, ce chapitre discute d'initiatives ciblées qui donneraient aux acteurs publics une meilleure visibilité sur l'existence de marchés à risque.

La responsabilisation des parties prenantes pour une gestion transparente et efficiente de l'exécution contractuelle

Alors que les phases d'élaboration et d'adjudication des marchés publics font l'objet d'une attention particulière dans nombre de pays membres de l'OCDE, y compris au Canada et au Québec plus particulièrement, l'exposition de la phase d'exécution contractuelle aux risques de corruption a longtemps été négligée.

Pourtant c'est à l'occasion de cette dernière que les effets tangibles de la corruption, quel qu'en soit l'origine, se matérialisent soit par une exécution déficiente ou sous-optimale des prestations attendues, soit par l'octroi de paiements indus. Par ailleurs, certaines études suggèrent que la corruption ou la fraude liée à l'exécution contractuelle est celle qui génère les plus larges montants indûment perçus (Piga, 2011[1]).

La définition d'un cadre efficace pour isoler les marchés publics des risques de corruption liés à la phase d'exécution contractuelle

En réponse aux cas de corruption dans l'exécution des marchés publics et aux pratiques mises à jour par la Commission Charbonneau, le gouvernement du Québec a développé de nombreux instruments pour mieux isoler les marchés publics des risques de corruption affectant spécialement la phase d'exécution contractuelle.

Québec a développé un arsenal législatif poussé

En premier lieu, le gouvernement québécois a renforcé son arsenal législatif en multipliant les mesures liées à la surveillance de l'exécution des marchés publics et ce afin d'écarter les entreprises coupables de malversations pendant la phase d'exécution contractuelle. Ainsi, la Loi sur les contrats des organismes publics, dernièrement révisée en 2017, vise, parmi d'autres objectifs liés à l'équité, la transparence et l'efficience, à promouvoir les principes fondamentaux suivants :

- la confiance du public dans les marchés publics en attestant l'intégrité des concurrents
- la mise en œuvre de systèmes d'assurance de la qualité dont la portée couvre la fourniture de biens, la prestation de services ou les travaux de construction requis par les organismes publics
- la reddition de comptes fondée sur l'imputabilité des dirigeants d'organismes publics et sur la bonne utilisation des fonds publics.

La phase d'exécution contractuelle tient donc une place prépondérante puisqu'elle participe à renforcer la confiance du public dans les marchés publics, qu'elle doit être l'occasion de mettre en œuvre des systèmes d'assurance qualité et de mécanismes favorisant la reddition de comptes. De fait, l'atteinte de ces objectifs est dépendante du cadre définissant les relations entre les acteurs publics et privés lors de l'exécution des marchés publics.

La responsabilisation des parties prenantes pour des actes avérés de corruption dans la conduite des marchés publics a été largement développée au Québec. Différentes lois ayant pour objectif principal de créer une structure robuste d'analyse et de contrôle des marchés publics (Loi concernant la lutte contre la corruption de 2011, Loi sur l'intégrité en matière de contrats publics de 2012, et dernièrement la Loi favorisant la surveillance des contrats des organismes publics et instituant l'Autorité des marchés publics de décembre 2017) ont été sanctionnées et sont applicables à l'ensemble des marchés publics.

Depuis janvier 2012, les dispositions principales de la LCOP liées aux sanctions prononcées à l'encontre d'entreprises reconnues coupables d'infractions lors de l'exécution de marchés publics s'appliquent également au monde municipal. En effet, le RENA et, plus récemment, l'autorisation de contracter sont des instruments utilisés dans le cadre des marchés publics municipaux.

Ces instruments permettent, comme le montre le graphique 5.1 ci-dessous, d'isoler les entreprises qui se sont rendues coupables d'infractions liées à l'exécution de marchés publics ou celles pour lesquelles de sérieux doutes entourent leur capacité à les exécuter de façon intègre et satisfaisante.

Graphique 5.1. Nombre de nouvelles inscriptions au RENA par année

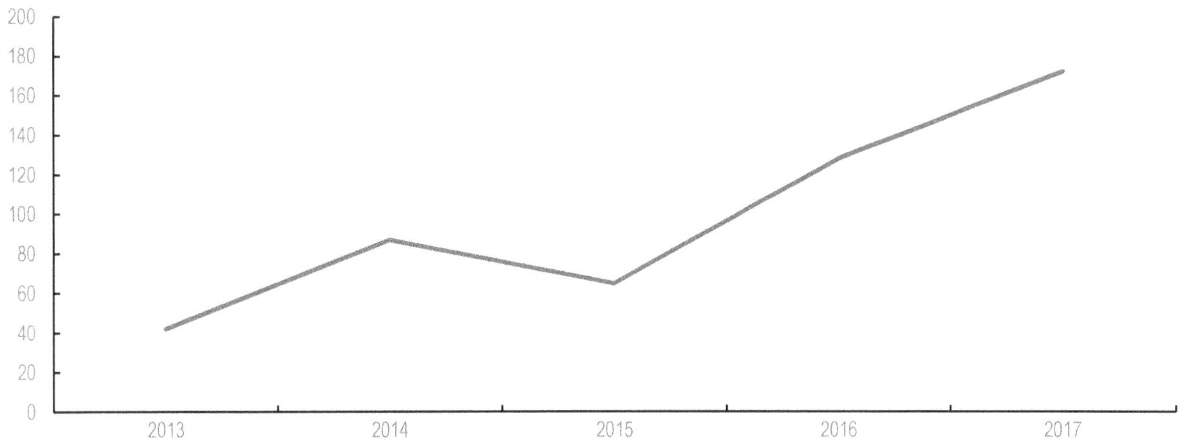

Source : (Secrétariat du Conseil du trésor, 2018[2]).

Les entités dédiées à la lutte contre la corruption dans la phase d'exécution contractuelle devront prioriser leurs efforts

Les différentes réformes législatives ont par ailleurs créé des instances indépendantes de contrôle et d'enquête ou élargi les pouvoirs d'entités existantes. Nombre de ces acteurs ont, dans le cadre de leurs missions, un rôle de surveillance de l'exécution contractuelle des marchés publics. La Commission Charbonneau dans le cadre de sa recommandation n°1 relative à la création de l'AMP et à la dotation de pouvoirs étendus sur les marchés publics accorde elle-même une importance particulière à la possibilité d'accompagner les donneurs d'ouvrages publics dans leur gestion contractuelle, en ce compris l'exécution des contrats conclus par les organismes publics. Plus particulièrement, l'Autorité des Marchés Publics, a parmi ses fonctions la possibilité de :

- examiner, de sa propre initiative, un processus contractuel ou l'exécution d'un contrat et faire des recommandations à l'organisme public concerné
- enquêter sur la gestion contractuelle d'un organisme public qu'elle aura désigné ou qui aura été désigné par le gouvernement. Dans ce cadre, l'Autorité pourra faire des recommandations, résilier un contrat ou en suspendre l'exécution.

Bien que cet examen accru des marchés publics ne soit pas encore opérationnel, puisque tributaire de la prise de fonction du PDG de l'AMP, et qu'il ne produise donc pas encore d'effets tangibles, ces réformes successives s'attachent toutes à renforcer l'intégrité des marchés publics et créer un environnement plus transparent.

Par ailleurs, certains organismes publics ont également mis en œuvre des procédures pour accroître la surveillance des marchés publics, en ce compris leur exécution. Pour s'assurer que les missions de surveillance de l'application du cadre normatif, de vérification et de contrôle soient aussi efficientes que possible et puissent effectivement prévenir les risques de corruption dans le cadre de l'exécution des marchés publics, ces entités ou unités (AMP, SCT, Vérificateur général, BIG, etc.) devront néanmoins prioriser leurs examens. Ainsi que le montre le tableau 5.1 ci-dessous, en moyenne 34 343 procédures distinctes pour des marchés publics supérieurs à 25 000 CAD sont conduites chaque année.

De ces procédures découlent parfois plusieurs contrats, 10 % des procédures étant des marchés divisés en lots, ou des contrats dont la période d'exécution excède un an. Ces éléments signifient que le nombre de contrats pour lesquelles la transparence et l'intégrité de leur exécution peuvent être surveillées ou contrôlées dépasse largement le nombre de procédures conduites chaque année.

Tableau 5.1. Volume d'acquisitions (en nombre et en montant) sur les 3 derniers exercices

	2014-15		2015-16		2016-17	
	Nombre	Montant (en million USD)	Nombre	Montant (en million USD)	Nombre	Montant (en million USD)
Organismes gouvernementaux (ministères et ceux relevant du gouvernement)	22 756	9 270	19 596	8 533	18 863	9 399
Organismes municipaux	13 973	6 123	14 146	7 241	13 696	6 773

Note : Les données des organismes municipaux proviennent du Système électronique d'appel d'offres et n'ont pas fait l'objet de travaux de validation de la part du Secrétariat du Conseil du trésor.
Source : Information transmise par le Secrétariat du Conseil du trésor.

Même un échantillon de 10% mobiliserait un nombre très important de ressources. En conséquence, il est nécessaire qu'un cadre puisse définir les paramètres à prendre en compte pour identifier les contrats devant être examinés. Dans plusieurs pays de l'OCDE, afin de prioriser les activités d'audits, les Institutions Supérieures de Contrôle ont développé une méthodologie basée sur les risques (encadré 5.1).

Encadré 5.1. La programmation des audits fondée sur le risque

L'approche des Institutions Supérieures de Contrôle (ISC) en matière de programmation des audits dépend, en partie, de leur mandat, de leur pouvoir discrétionnaire et de leur indépendance.

Une approche axée sur les risques concentre les capacités d'audit et les efforts sur les secteurs à risques importants de l'univers de vérification. Pour les ISC ayant un mandat de vérification élargi, comme l'institution de contrôle du Mexique (*Auditoría Superior de la Federación*, ou ASF), une approche fondée sur les risques facilite la priorisation des vérifications et permet de cibler l'affectation des ressources sur la base d'une évaluation qualitative ou quantitative (ou les deux) de la valeur ajoutée des vérifications.

La programmation des audits fondée sur les risques varie d'une ISC à l'autre, mais comprend généralement un processus de développement de critères, d'identification des risques, d'analyse, d'évaluation et de cartographie des risques, de priorisation et de sélection des vérifications ; il tient compte des objectifs stratégiques, des capacités et des ressources de l'institution. La sélection des critères peut être établie à partir de sources différentes, comme l'illustrent les exemples ci-dessous. Par exemple, les critères peuvent changer en fonction des différents types de vérifications. Pour les audits financiers, les erreurs significatives dans les comptes ou états financiers peuvent constituer le critère principal. Pour les audits de performance, le critère principal peut davantage cibler l'efficience, l'efficacité et l'aspect économique ou encore la mesure dans laquelle les objectifs ont été atteints.

Les pays suivants ont adopté une programmation des audits fondée sur le risque.

Belgique

La Cour des Comptes de Belgique utilise un modèle financier de risque opérationnel (*Financial Operational Risk Model*, FORM) ; il s'agit d'un modèle intégré de planification axé sur le risque. La priorisation des vérifications est basée sur trois critères, parmi lesquels figure l'importance budgétaire et financière pour l'évaluation de la pertinence du budget consolidé de l'institution. Les seuils budgétaires sont déterminés en fonction du budget fédéral total. Le second critère a trait aux priorités et aux contrôles budgétaires. Dans ce cadre, la Cour examine aussi bien les politiques publiques que les problèmes transversaux affectant différents organismes publics. Le troisième critère comprend des considérations d'ordre plus général fondées sur le jugement professionnel de la direction de la Cour.

Danemark

La Cour des comptes danoise (*Rigsrevisionen*) utilise une approche fondée sur le risque au niveau de la planification de ses vérifications. L'objectif de l'analyse est de comprendre la situation d'une entité et de déceler des risques potentiels. Rigsrevisionen effectue d'abord une analyse stratégique de chaque niveau ou département ministériel. Cette analyse inclut également un examen de la gestion des organismes publics rattachés. Avant que l'audit ne soit lancé, Rigsrevisionen discute de l'analyse stratégique avec la direction du département et de l'organisme public rattaché afin d'éviter d'occulter des aspects importants de l'audit. L'analyse stratégique offre une base pour la planification de l'audit, qui est axé sur les zones / secteurs à risque identifiés.

Source: Adapté de (OCDE, 2017[3]).

Comme discuté plus tard, une plus grande harmonisation des principes définissant les relations entre les donneurs d'ouvrages publics et les fournisseurs et la définition d'indicateurs normalisés permettront aux différentes institutions en charge d'activité de surveillance, de contrôle et de vérification d'avoir une meilleure visibilité sur les contrats dans lesquels l'exécution semble présenter des risques. Ainsi une évaluation stratégique des contrats sujet à surveillance, contrôle ou vérification pourrait être réalisée.

La définition et le rôle des acteurs directs, notamment lors de la phase d'exécution contractuelle, ne sont que partiellement pris en compte.

Cependant ces réformes et initiatives s'attachent principalement à renforcer la surveillance des marchés publics et peu à la participation active des acteurs directement impliqués dans ceux-ci. Or, ceux-ci, donneurs d'ouvrages publics et fournisseurs, ont un rôle prépondérant dans la définition de procédures et stratégies d'acquisition résilientes aux risques de fraude et de corruption.

La Recommandation du Conseil de l'OCDE sur les marchés publics (OCDE, 2015[4]) accorde une place centrale à l'exécution contractuelle. En effet, la transformation des marchés publics, initialement perçus comme dérivant d'une activité purement administrative, en un outil stratégique de gouvernance publique induit une plus grande attention portée à l'ensemble du cycle des marchés publics. Nombre de réformes entreprises dans les pays de l'OCDE illustrent ce changement significatif dans l'approche des marchés publics, comme en témoigne la schématisation développée par la Nouvelle Zélande (graphique 5.2).

Graphique 5.2. Approche des marchés publics

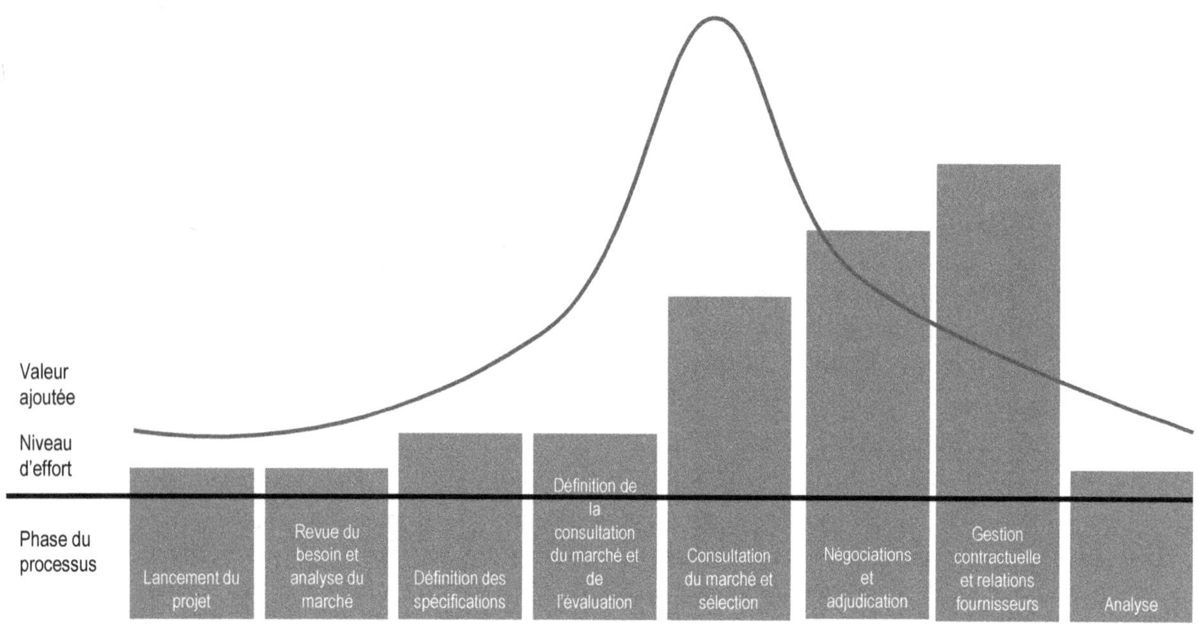

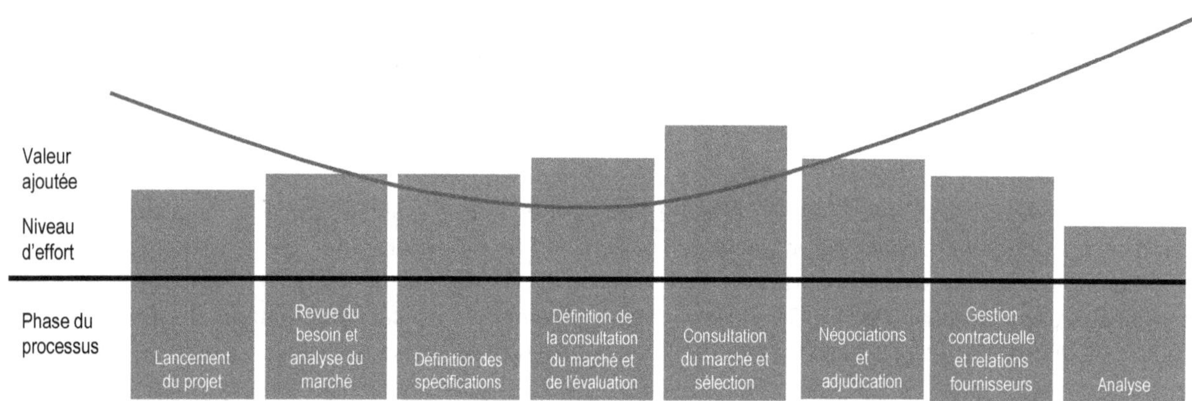

Source : Ministry of Business, Innovation and Employment of New Zealand (2011), *Mastering procurement a structured approach to strategic procurement.*

Le renforcement du rôle des acheteurs publics dans la gestion de l'exécution contractuelle a pour objectif premier de s'assurer de la responsabilisation des acteurs directement impliqués dans les marchés publics et de fournir l'assurance que la commande publique produise les résultats initialement escomptés. Cependant, cet objectif se trouve directement menacé par une exposition trop forte aux risques de corruption. Ainsi, une meilleure résilience des marchés publics aux risques de corruption passe par une plus grande responsabilisation des parties prenantes.

Harmoniser les rôles et responsabilités des acteurs directs dans la phase d'exécution contractuelle

La mise en œuvre de systèmes d'assurance qualité et les mécanismes favorisant la reddition de comptes tiennent une place centrale parmi les objectifs de la LCOP. Néanmoins les dispositions législatives relatives à la phase d'exécution contractuelle sont sommaires et ne traitent principalement que des modalités de conclusions de modifications contractuelles.

Les Règlements spécifiques à certaines catégories d'achats (Règlement sur certains contrats d'approvisionnement des organismes publics, chapitre C-65.1, r. 2 ; Règlement sur certains contrats de services des organismes publics, chapitre C-65.1, r. 4 ; Règlement sur les contrats de travaux de construction des organismes publics, chapitre C-65.1, r. 5) prévoient uniquement les principes généraux applicables au règlement des différends lors de l'exécution de marchés publics mais ne détaillent pas le rôle des parties prenantes.

En fait, chaque donneur d'ouvrage public a la responsabilité d'élaborer des lignes internes qui détaillent le cadre applicable à la gestion des marchés publics, y compris l'exécution des contrats. Une étude du Secrétariat du Conseil trésor[1] analysant les lignes directrices des organismes publics met en lumière que si certaines bonnes pratiques ont pu être identifiées dans l'échantillon de donneurs d'ouvrages publics retenu elles ne font pas l'objet d'une application systématique.

Cette hétérogénéité de pratiques se retrouve par exemple sur la description du rôle du Responsable de l'Application des Règles Contractuelles (RARC) qui est une figure centrale de chaque organisme gouvernemental ayant un rôle prépondérant dans l'exécution des marchés publics. Bien que certains organismes gouvernementaux détaillent les missions spécifiques du RARC, l'étude note qu'un certain nombre d'entités se contentent de se référer au cadre législatif applicable.

Ces différences d'opérationnalisation des marchés publics ont pour conséquence d'offrir une plus grande porosité aux risques de corruption et de rendre plus difficile leur détection. Les efforts d'harmonisation entrepris par le Système National de Santé (National Health System, NHS) en Grande-Bretagne fournissent un éclairage intéressant sur la responsabilisation des acteurs et leurs rôles dans la lutte contre la fraude et la corruption (encadré 5.2).

Encadré 5.2. Responsabilisation des parties prenantes pour lutter contre la fraude et la corruption dans le système national de santé en Grande-Bretagne

Le Système National de Santé en Grande-Bretagne (National Health System England, NHS England) a établi une stratégie globale de lutte contre les crimes économiques et notamment la fraude et la corruption. Ce programme, appelé NHS Protect, soutient le NHS dans le respect de ses engagements tels que définis dans ses statuts.

Afin d'implémenter ces objectifs, le programme prévoit l'introduction de mesures pour assurer une meilleure responsabilisation locale et la définition du rôle des différents intervenants dans la lutte contre la fraude et la corruption pour établir une analyse stratégique de ces risques.

A l'appui de ce programme, le NHS a développé en 2016 une politique interne dont les objectifs sont :

- Expliquer comment le NHS entend lutter contre les crimes économiques.
- Fournir à l'ensemble du réseau des lignes directrices.
- S'assurer que l'ensemble du réseau est capable d'identifier les crimes économiques et comprennent les exigences de reporting.

Cette politique s'applique à l'ensemble du réseau de la santé en Grande-Bretagne et concerne autant les employés du NHS, que tous ceux qui agissent en nom et pour le compte du NHS, en ce compris les contractants et fournisseurs.

En juillet 2018, l'Autorité de Lutte contre la Fraude du NHS (NHS Counter Fraud Authority), un organisme directement placé sous la tutelle du Ministère de la Santé et indépendant des autres entités du NHS a développé un guide pour la détection de la fraude relative au paiement de factures.

Reconnaissant que les pratiques des différentes entités du NHS étaient substantiellement divergentes en matière de gestion de l'exécution contractuelle, le guide détaille les principes fondamentaux applicables au traitement des factures et rappelle les exigences minimums permettant d'identifier et de prévenir les risques de fraude.

Source: Adapté de (National Health System (NHS), 2016[5]) et (NHS Counter Fraud Authority, 2018[6]).

Afin de consolider les initiatives isolées des organismes gouvernementaux et d'assurer une harmonisation des rôles et responsabilités des acteurs directement impliqués dans les marchés publics, le gouvernement du Québec pourrait développer des lignes directrices relatives spécifiquement à l'exécution des marchés publics définissant les rôles et responsabilités des différents intervenants et les éléments clés permettant d'identifier et de prévenir les risques de fraude ou de corruption.

Renforcer la responsabilité de tous les intervenants dans l'exécution contractuelle

Par ailleurs, dans le cas de certains contrats spécifiques, d'autres intervenants jouent un rôle central dans l'exécution des marchés publics. C'est par exemple le cas du secteur de la construction où un intermédiaire privé, souvent une firme de génie-conseil, est responsable du suivi quotidien du chantier et de la validation de l'avancement des travaux conformément aux engagements contractuels.

En réponse à cette problématique spécifique un guide pratique a été développé par le Secrétariat du conseil du trésor (Secrétariat du conseil du Trésor, 2018[7]). Bien que le traitement de la phase d'exécution contractuelle ne soit que sommairement développé, le guide mentionne l'importance de s'assurer que les prestataires de services professionnels réalisent leur prestation sous un contrôle précis des donneurs d'ouvrages publics. Cependant plusieurs rapports du Vérificateur général du Québec, dont le dernier en date de 2017 (VGQ, 2017[8]), soulignent l'importance du rôle des vérificateurs de chantier dans le domaine des travaux publics et de la problématique posée par la dilution des responsabilités relatives à la vérification de la bonne exécution des contrats.

Les régimes de surveillance en place, comme l'autorisation de contracter qui doit être obtenue pour les contrats de travaux supérieurs à 5 millions USD et les sous-contrats en découlant, ne s'applique pas aux vérificateurs de chantier, ceux-ci ayant un contrat formellement distinct de l'entreprise de construction. Par ailleurs, les seuils applicables aux contrats de services pour être soumis à une procédure d'autorisation de contracter font que les vérificateurs de chantier, bien qu'ayant un lien direct avec les travaux de construction, ne sont pas soumis au même formalisme que l'entreprise de construction.

Les ressources et l'expertise technique nécessaires pour le suivi de chantiers parfois extrêmement complexes est une problématique commune à beaucoup de donneurs d'ouvrages publics dans le monde y compris dans les pays de l'OCDE, et souvent ces fonctions sont externalisées en tout ou en partie. Par ailleurs, plus les entités publiques ont des ressources limitées plus cette problématique est prégnante. Afin d'assurer un encadrement plus strict de ces activités, la ville de Charleston aux États-Unis a développé un programme spécifique d'habilitation des inspecteurs externes dans le domaine de la construction (encadré 5.3).

Encadré 5.3. Programme d'habilitation des inspecteurs en bâtiments à Charleston

Le Programme d'inspection par une tierce partie de la Division des inspections du bâtiment de la ville de Charleston (BID), établi en janvier 2016, vise à encadrer spécifiquement les missions réalisées par les inspecteurs tiers.

Les inspecteurs tiers doivent démontrer qu'ils ont les connaissances, les compétences et les capacités nécessaires pour effectuer des inspections dans leur domaine d'expertise. Non seulement doivent-ils démontrer une connaissance technique du code et du métier qu'ils inspectent, ils doivent également démontrer qu'ils ont une connaissance applicable des ordonnances et règlements de la Ville. Parmi les différents éléments soumis à examen, les inspecteurs tiers doivent être en mesure de démontrer et de maintenir leur indépendance vis-à-vis de toute personne ou entreprise responsable de la construction du travail qu'ils inspecteront. L'inspecteur n'a pas de ou une relation personnelle avec les propriétaires, les concepteurs, les détenteurs de permis, les entrepreneurs ou sous-traitants en cours d'inspection. Les inspecteurs ne doivent pas avoir:

1. accepté d'argent ou tout autre élément de valeur autre que la rémunération d'un tiers pour les services d'inspection ; ou
2. réalisé de services ou travaux autres que des inspections par des tiers pour le compte des propriétaires, concepteurs, détenteurs de permis, entrepreneurs ou sous-traitants inspectés pour période de deux ans avant d'effectuer cette inspection.

Le programme d'habilitation des inspecteurs tiers prévoit un réexamen annuel des conditions d'obtention de cette habilitation.

Source: Adapté de (Ville de Charleston, 2016[9]).

Compte tenu du rôle central des firmes de génie-conseil dans le suivi et l'exécution des travaux de construction, le gouvernement du Québec et plus particulièrement le MAMH pourrait évaluer les différentes possibilités offertes pour encadrer les activités des vérificateurs de chantier et s'assurer qu'ils participent à la conduite intègre et transparente des marchés publics. Parmi ces options, le gouvernement québécois pourrait considérer élargir le champ d'application de l'autorisation de contracter, ou d'une procédure allégée, à tous les contrats liés directement ou indirectement à ceux dépassant les seuils établis.

La définition de relations contractuelles stratégiques avec le secteur privé : un vecteur de lutte contre la corruption

Utiliser un environnement normalisé pour identifier les risques de corruption lors de la phase d'exécution contractuelle

Au-delà de la mise en évidence de pratiques frauduleuses avérées qui toutes soulignent l'exposition des marchés publics, aucune estimation communément admise ne peut être avancée quant à la proportion des actes de corruption qui n'ont pas été mis à jour. Néanmoins, le principe même de la corruption ou de la fraude étant d'être indécelable, la définition de mesures et moyens permettant de renforcer la résilience de l'ensemble du cycle des marchés publics aux risques potentiels de corruption prend toute son importance.

Renforcer le cadre d'exécution contractuel en l'adaptant aux spécificités des marchés publics

Les marchés publics sont particulièrement exposés aux risques de corruption et certains secteurs dans lesquels l'acheteur public évolue, tels que la construction ou la santé, sont également parmi les plus exposés aux risques posés à l'intégrité des affaires. Ces faits qui ont été mis en lumière par l'enquête de la Commission Charbonneau ne sont pas propres au Québec et un rapport sur la corruption transnationale met en évidence que cette problématique est commune dans le secteur de la construction au sein des pays de l'OCDE (OCDE, 2014[10]).

L'évolution de la relation entre le secteur public et le secteur privé dans les marchés publics est un facteur déterminant dont la prise en compte permet de souligner l'importance de l'implémentation de procédures normalisées pour la gestion de l'exécution contractuelle. En effet, de nombreuses études empiriques (Aminian, Kirkham and Fenn, 2012[11]), (Lonsdale et al., 2010[12]) et (Bovaird, 2006[13]) démontrent que l'influence des acteurs publics diminue au fur et à mesure de l'avancée de l'exécution des prestations et de l'augmentation des dépenses qui y sont liées. Cette perte d'influence augmente au fur et à mesure de l'accroissement de la complexité des marchés publics comme le mettent en évidence les récents examens de marchés de travaux et de technologies de l'information réalisés par le Vérificateur Général du Québec (VGQ, 2017[14]).

Graphique 5.3. Perte d'influence des acheteurs publics dans les marchés de travaux

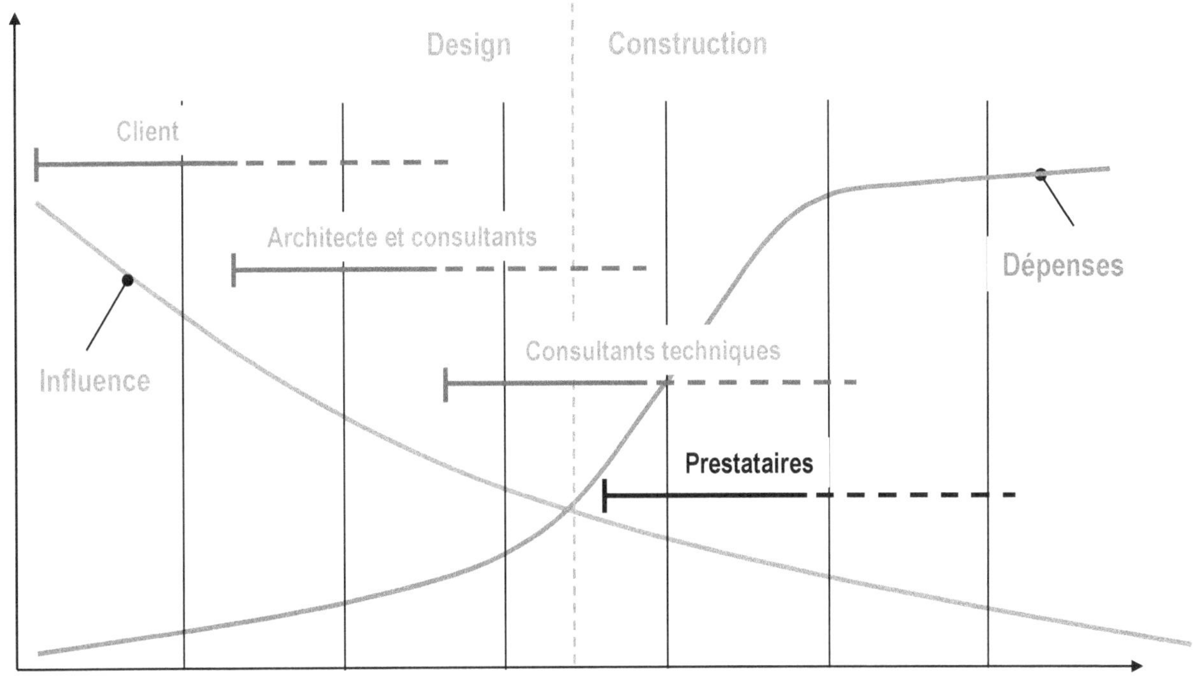

Source : Adapté de (Dale, 2016[15]).

Or, la perméabilité aux risques de corruption s'appuie également sur la vulnérabilité de l'environnement dans lequel les parties prenantes évoluent. En effet, de nombreuses analyses montrent que la qualité institutionnelle est une variable importante de l'exposition aux risques de corruption (OCDE, 2013[16]). Dans le cadre de l'exécution des marchés publics cette robustesse institutionnelle dépend en partie des règles et principes applicables aux relations contractuelles. Or, compte tenu du caractère sommaire des dispositions législatives et réglementaires au Québec traitant de la phase d'exécution contractuelle, ces principes sont laissés à la discrétion des organismes publics et du monde municipal.

En ce sens le développement d'un cadre exhaustif définissant les interactions entre les acteurs publics et les fournisseurs contribuerait à s'assurer d'une résilience accrue aux risques de corruption affectant les marchés publics. En effet, une étude australienne souligne les bénéfices atteints par un alignement stratégique des valeurs en termes d'efficience des mesures prises pour lutter contre la corruption (Australian Commission for Law Enforcement Integrity, n.d.[17]).

Les bénéfices retirés d'un alignement stratégique des valeurs entre acheteurs publics et fournisseurs ont depuis longtemps été documentés et notamment l'impact de l'alignement sur l'efficience organisationnelle (Barratt, 2004[18]). Néanmoins, s'assurer de cet alignement requiert que les contours régissant les futures relations contractuelles soient identifiés dès la définition des stratégies d'acquisition.

Des pôles d'expertises en construction et en technologies de l'information sont actuellement en préparation afin d'accompagner les organismes publics dans ces domaines. La création de ces pôles pourrait constituer une opportunité de développer un cadre de gestion contractuelle adapté aux particularismes de ces domaines.

Prendre en compte la performance passée pour identifier les prestataires à risque

Le point central de la définition des relations contractuelles entre les acheteurs publics et le secteur privé est l'établissement d'un cadre s'appliquant à l'évaluation de la performance de l'exécution contractuelle. Dans nombre de pays de l'OCDE cette évaluation ne se limite pas à juger l'atteinte ou non des objectifs définis dans le contrat mais aussi plus largement les relations des contractants avec le secteur public, en ce compris, son éthique et son intégrité dans les affaires.

L'Office de la Politique des Marchés Publics Fédéraux aux États-Unis (Office of Federal Procurement Policy, OFPP) a par exemple établi des lignes directrices à l'attention de tous les acheteurs publics fédéraux pour évaluer et reporter la performance et l'intégrité des prestataires dans les marchés publics. (Office of Federal Procurement Policy, 2013[19]).

Encadré 5.4. L'évaluation de la performance passée et de l'intégrité aux États-Unis

La loi fédérale exige généralement que les agences évaluent et documentent le rendement des entrepreneurs sur les contrats ou les commandes dont la valeur dépasse le seuil d'acquisition simplifié (généralement 150 000 USD). L'évaluation doit généralement porter sur la qualité du produit ou du service fourni par l'entrepreneur, ses efforts pour contrôler les coûts, sa rapidité et son respect des échéanciers, sa gestion ou ses relations d'affaires, sa performance en sous-traitance avec les petites entreprises et autres facteurs applicables comme par exemple, la délinquance fiscale.

L'évaluation du rendement et toute réponse de l'entrepreneur sont stockées dans les bases de données gouvernementales et notamment dans le Système d'Information de la Performance et de l'Intégrité des Adjudicataires Fédéraux (Federal Awardee Performance Integrity Information System, FAPIIS) et peuvent être utilisées dans les futures décisions d'attribution de marchés publics. Le FAPIIS doit contenir, entre autres, de brèves descriptions des procédures civiles, criminelles et administratives impliquant des contrats fédéraux qui ont abouti à une déclaration de culpabilité ou à une conclusion de faute.

De plus, les organismes sont tenus par la loi d'examiner si l'entrepreneur a un « dossier de rendement satisfaisant » lorsqu'il détermine si l'entrepreneur est suffisamment « responsable » pour se voir attribuer un contrat fédéral. Le dossier de rendement satisfaisant inclut des éléments liés à l'évaluation de l'éthique de l'entrepreneur, comme par exemple le paiement ponctuel de ses sous-traitants. Les agences ne peuvent généralement pas attribuer un contrat sans déterminer que l'entrepreneur est « responsable ».

Source : Adaptée de (Manuel, 2015[20]).

Tous les Règlements prévoient l'obligation pour l'organisme public de consigner dans un rapport l'évaluation d'un fournisseur dont le rendement est considéré insatisfaisant. Cette évaluation négative permet à l'organisme public d'écarter le prestataire dans le cadre d'une nouvelle procédure d'appel d'offres. La seule exception notable est l'évaluation de la performance des fournisseurs dans les marchés publics liés aux technologies de l'information où une évaluation exhaustive des prestations est requise. En outre, depuis le 1er juin 2016, le Règlement sur les contrats des organismes publics en matière de technologies de l'information (RCTI) obligent les organismes publics à consigner dans un rapport l'évaluation du prestataire de services, lorsque le montant total payé pour un contrat en matière de technologies de l'information est égal ou supérieur à 100 000 USD.

Cependant, qu'elles soient uniquement négatives ou plus exhaustives, ne sont, pour l'instant, pas partagées avec les autres organismes publics, ce qui a pour conséquence directe qu'un autre organisme public ne pourra utiliser l'expérience acquise lors de l'exécution de contrats précédents pour identifier les prestataires admissibles dans le cadre de ses propres procédures de mise en concurrence. Cette situation devrait changer dans un futur proche puisque la LCOP prévoit cette centralisation auprès de l'AMP. Néanmoins, il est nécessaire qu'un décret d'application soit pris pour que cette disposition soit effective.

Compte tenu de l'importance d'identifier des contractants intègres et efficients pour l'exécution des marchés publics, le gouvernement du Québec pourrait s'assurer de l'entrée en vigueur la plus rapide possible de cette nouvelle disposition afin que les évaluations de rendements insatisfaisants puissent être diffusées à l'ensemble des organismes publics et municipaux et que la performance passée soit prise en compte dans l'attribution des marchés publics.

Néanmoins, pour éviter une trop grande discrétion dans l'exclusion d'un prestataire des marchés publics, il conviendra de définir les conditions minimales pour qu'une évaluation de performance puisse être utilisée dans le cadre de procédures futures.

Le gouvernement du Québec peut s'inspirer des pratiques mises en œuvre en Europe, où la Directive de l'Union Européenne de 2014 prévoit que la performance passée d'un prestataire peut être prise en compte pour exclure un soumissionnaire d'une procédure d'appel d'offres pour autant que cette mauvaise performance ait été significative ou persistante. Ce dernier point implique que la performance déficiente doit avoir été mise en évidence dans plus d'un marché public.

Alternativement, le gouvernement du Québec peut s'inspirer des pratiques en vigueur aux États-Unis où la performance passée d'un fournisseur n'est pas un motif d'exclusion mais un élément d'évaluation des offres. Cette approche a pour principal effet d'inciter les soumissionnaires à améliorer leurs pratiques dans le cadre de l'exécution contractuelle, y compris leur intégrité, celles-ci étant prises en compte dans les évaluations futures. Par ailleurs, cette approche présente l'avantage de ne pas limiter la concurrence puisqu'elle n'exclut pas *de facto* un prestataire.

Établir un environnement résilient en analysant et traitant certains éléments des marchés publics qui ont une incidence sur les risques de corruption

S'appuyant sur un cadre structuré et harmonisé, la détection et la prévention effectives de la corruption dans les marchés publics n'est possible que si des données sur l'exécution contractuelle sont collectées, stockées de façon structurée et accessibles aux fins d'analyse (PwC, Ecorys, 2013[21]).

Définir des indicateurs de risques basés sur l'exécution contractuelle

La conclusion d'avenants aux marchés publics est une pratique inhérente à tout système de marchés publics. Bien que la conclusion d'avenants ne fournisse pas en tant que tel un indice sur l'existence d'actes de corruption elle peut se révéler symptomatique de situations à risques et notamment de corruption (Racca and Perin, 2013[22]). La matérialisation des actes de corruption prend en effet souvent la forme d'une dépense supplémentaire, d'un allongement du délai de réalisation des prestations ou d'une réduction du périmètre des prestations non prévue au contrat d'origine.

L'article 17 de la LCOP, tout comme l'article 573.3.0.4 de la Loi sur les cités et des villes, stipule qu'une modification peut être apportée à un contrat pour autant que cette modification en constitue l'accessoire et n'en change pas la nature. En revanche, une modification ne requiert pas d'autorisation lorsqu'elle résulte d'une variation du montant sur lequel doit s'appliquer un pourcentage déjà établi ou d'une variation d'une quantité pour laquelle un prix unitaire a été convenu.

Les modifications apportées aux contrats publics obéissent des plus à des obligations de publication sur le SEAO dès lors qu'ils impliquent une dépense supplémentaire supérieure à 10% du montant original. Cet élément permet donc d'obtenir des données sur cette catégorie de modifications. Une étude menée en 2013 sur la gestion contractuelle de certains organismes publics québécois entre 2010 et 2013 (KPMG and SECOR, 2013[23]) a démontré par exemple que le secteur de la construction au Québec a vu une augmentation de la conclusion d'avenants entraînant des dépenses supplémentaires. L'étude établit l'importance de l'analyse des dépenses supplémentaires dans l'identification de situations exposées aux risques de corruption.

Néanmoins, comme discuté dans le chapitre 2 de ce rapport, les modifications aux marchés publics qui pourraient révéler un risque de corruption ne portent pas uniquement sur une augmentation du prix payé au prestataire.

En effet, dans le cadre d'une analyse de risque, la fréquence de ces modifications, ainsi que la nature et l'identité des parties prenantes peuvent fournir des indications complémentaires précieuses sur l'existence de ce risque. Par ailleurs, ces éléments fournissent des éléments objectifs de comparaison qui viendront compléter les indicateurs plus traditionnels basés sur la perception (Fazekas and Kocsis, 2017[24]).

Outre les modifications de marchés publics à prix et périmètres définis, les dépenses effectuées sur les contrats ouverts, tels que les contrats à exécution sur demande ou les contrats à commande, peuvent fournir des indications supplémentaires pour des risques de fraude.

Ces contrats, dont les montants représentent presque 25% du montant total des marchés publics pour les organismes gouvernementaux, ne sont pas suivis de façon systématique et centralisée. Or, ce type de contrat, de par sa typologie et ses caractéristiques principales, présente des risques spécifiques de collusion ou de corruption (Albano and Nicholas, 2016[25]).

En effet, ces contrats offrent aux donneurs d'ouvrages publics la flexibilité de passer des commandes ponctuelles auprès de fournisseurs identifiés. Dès lors l'absence de suivi des montants réellement dépensés empêche la détection d'éventuels stratagèmes frauduleux. Par exemple, l'analyse des dépenses effectuées sur certaines catégories de médicaments par les entités décentralisées de l'Institut de Sécurité Sociale du Mexique (Instituto Mexicano de Seguro Social, IMSS), le plus grand organisme de santé de l'Amérique Latine, a mis à jour un vaste système de collusion (OCDE, 2013[26]).

Parmi les pouvoirs attribués à l'AMP, sur la base des recommandations de la Commission Charbonneau, figure la création d'une équipe d'experts. L'Autorité a pour fonction d'effectuer une veille des contrats publics lui permettant d'analyser l'évolution des marchés et les pratiques contractuelles des organismes publics et d'identifier les situations problématiques affectant la concurrence. Si, au cours de cette veille ou dans le cadre de ses travaux de vérification ou d'enquête, l'Autorité repère des indices de malversation ou la présence de cartels, elle est tenue par la l'AMP de transmettre ces informations au Commissaire à la lutte contre la corruption, chargé de mener les enquêtes criminelles en la matière.

L'autorité pourrait donc profiter de la constitution de cette équipe pour définir les indicateurs pertinents afin d'identifier les contrats pour lesquels leur exécution présente des risques de fraude ou de corruption. Comme discuté avant, ces indicateurs pourraient, en complément des augmentations de dépenses, capturer des informations liées à la fréquence des modifications contractuelles, à leur nature ou encore à l'identité des parties prenantes. Ils pourraient également analyser de façon générale les montants effectivement dépensés dans les différents types de contrats et évaluer ces montants en fonction des estimations de besoins initialement établies par les organismes publics et le monde municipal.

Traiter certains symptômes qui affaiblissent la résilience du système

Un élément inhérent à la conclusion des marchés publics et qui peut avoir un effet indirect sur l'exposition plus ou moins accrue de certains marchés aux risques de fraude et de corruption est la question des délais de paiement. Ce fait saillant a été particulièrement relevé par la Commission Charbonneau. Lors de leur témoignage devant la Commission, plusieurs entrepreneurs ont fait état de la problématique des délais de paiement des factures soumises aux donneurs d'ouvrage publics. En général, le paiement des comptes clients est exigible 30 jours après la date de facturation, mais les délais de paiement dans l'industrie de la construction seraient maintenant de 3 à 6 mois, selon ces derniers.

Cette situation, au-delà de son impact sur la concurrence dans les marchés publics, comporte deux problématiques spécifiques qui peuvent avoir une incidence sur l'exposition des contrats publics aux risques de fraude et de corruption. Premièrement, elle confère un pouvoir important aux surveillants de chantier, puisque ces derniers doivent notamment approuver les paiements progressifs. Selon la vitesse d'approbation de ceux-ci, ces professionnels peuvent intimider ou favoriser des entrepreneurs en construction, contribuant de cette manière aux stratagèmes de corruption privée.

Deuxièmement, une telle situation favorise l'infiltration du crime organisé dans l'industrie de la construction. En effet, une PME confrontée à des difficultés financières découlant de comptes clients trop importants pourrait être tentée de recourir à des sources de financement non légitimes. D'après la Commission, le financement illégitime ou non traditionnel est utilisé par une proportion notable d'entreprises de construction en raison des retards de paiement. Différents pays de l'OCDE ont implémenté des stratégies spécifiques visant à accélérer les délais de paiement dans le cadre de leurs marchés publics et en dirigeant ces stratégies sur certains secteurs spécifiques ou sur certains types de fournisseurs comme les PME (encadré 5.5).

Encadré 5.5. Réduction des délais de paiement dans les marchés publics

La question des délais de paiement et leur impact sur l'économie des sociétés titulaires de marchés publics est une préoccupation commune à des nombreux pays de l'OCDE. Certains pays ont établi des règles générales de délais de paiement maximum applicables à l'ensemble des marchés publics, d'autres ont décidé de concentrer leurs efforts sur certaines catégories de fournisseurs et plus particulièrement les PME.

France :

Le décret n°2013-269 du 29 mars 2013 relatif à la lutte contre les retards de paiement dans les contrats de la commande publique, en partie codifié par le code de la commande publique entré en vigueur le 1er avril 2019, uniformise le droit applicable à l'ensemble des contrats de la commande publique et durcit les sanctions applicables aux administrations retardataires. L'ensemble des contrats de la commande publique devra respecter les délais suivants :

1. 30 jours pour pouvoirs adjudicateurs y compris lorsqu'ils agissent en tant qu'entité adjudicatrice.
2. 50 jours pour les établissements publics de santé et les établissements du service de santé des armées.
3. 60 jours pour les entreprises publiques au sens du II de l'article 1er de l'ordonnance n° 2004-503 du 7 juin 2004 portant transposition de la directive 80/723/CEE relative à la transparence des relations financières entre les États membres et les entreprises publiques, à l'exception de celles ayant la nature d'établissements publics locaux.

Le délai de paiement, également applicable au sous-traitant bénéficiant du paiement direct, court à compter de la date de réception de la demande de paiement ou, pour le solde des marchés publics, à compter de la date de réception du décompte général et définitif.

États-Unis :

La politique de paiement accéléré du Bureau de la gestion et du budget (Office of Management and Budget, OMB) a été initialement mise en œuvre par le mémorandum OMB M-11-32, « Accélération des paiements aux petites entreprises pour les biens et services », publié le 14 septembre 2011. Le mémorandum précise que, dans toute la mesure permise par la loi, les agences devraient accélérer les paiements aux entrepreneurs principaux des petites entreprises dans le but d'effectuer les paiements dans les 15 jours suivant la réception des documents pertinents.

Le 11 juillet 2012, OMB a franchi une étape supplémentaire en vertu du mémorandum M-12-16, « Fournir un paiement rapide aux petites entreprises sous-traitantes ». Le mémorandum M-12-16 stipule que « les organismes devraient, dans toute la mesure permise par la loi, accélérer temporairement les paiements à tous les entrepreneurs principaux, afin de leur permettre de payer rapidement les petites entreprises sous-traitantes ». L'OMB a également défini les exigences de reporting en demandant que les organismes fédéraux fournissent des rapports semestriels sur les progrès qu'ils ont réalisés pour atteindre les objectifs de paiement accéléré. L'OMB a ensuite augmenté la fréquence de déclaration à trois mois.

Depuis la création du programme en 2011, les résultats ont été positifs et les délais de paiement de nombreuses petites entreprises sous-traitantes ont été réduits de 30 à moins de 15 jours. Afin de rendre ces politiques permanentes un projet de loi a été soumis à la Chambre des Représentants en mars 2018.

Source : Adapté de (Ministère de l'Economie, France, 2013[27]) et (National Small Business Association, 2017[28]).

En réponse à cette problématique, la récente loi sur l'AMP prévoit spécifiquement que le président du Conseil du trésor peut, par arrêté, autoriser la mise en œuvre de projets pilotes visant à expérimenter diverses mesures destinées à faciliter le paiement aux entreprises parties aux contrats publics que détermine le Conseil du trésor ainsi qu'aux sous-contrats publics qui y sont liés et à définir des normes applicables en cette matière.

Compte tenu de l'impact des retards de paiement sur l'ensemble de la chaîne d'approvisionnement, Québec pourrait adopter une réponse plus systématique à la question des délais de paiements afin de minimiser son influence. Cette réponse pourrait résider en une généralisation de délais de paiement réduits applicables à l'ensemble des marchés publics ou prendre la forme d'un programme progressif se concentrant en premier lieu sur les PME, qui est la catégorie de fournisseurs les plus impactés par les retards de paiement.

Plan d'action

La responsabilisation des parties prenantes

- Les entités dédiées à la lutte contre la corruption dans la phase d'exécution contractuelle devront prioriser leurs efforts
- Développer des outils afin d'encadrer de manière appropriée l'interaction avec les fournisseurs à l'étape de la recherche et de l'acquisition de connaissances sur les marchés
- Harmoniser les rôles et responsabilités des acteurs directs dans la phase d'exécution contractuelle
- Renforcer la responsabilité de tous les intervenants dans l'exécution contractuelle

Définition de relations contractuelles stratégiques avec le secteur privé

- Renforcer le cadre d'exécution contractuel en l'adaptant aux spécificités des marchés publics
- Prendre en compte la performance passée pour identifier les prestataires à risque
- Définir des indicateurs de risques basés sur l'exécution contractuelle
- Traiter certains symptômes qui affaiblissent la résilience du système

Références

Albano, G. and C. Nicholas (2016), *The Law and Economics of Framework Agreements:* [25]
Designing Flexible Solutions for Public Procurement, Cambridge University Press,
http://www.cambridge.org (accessed on 20 July 2018).

Aminian, E., R. Kirkham and P. Fenn (2012), *Decreasing Opportunistic Behaviour through* [11]
Appropriate Contracting Strategies in Construction Industries,
http://www.irbnet.de/daten/iconda/CIB_DC25701.pdf (accessed on 30 July 2018).

Australian Commission for Law Enforcement Integrity (n.d.), *Values alignment*, [17]
https://www.aclei.gov.au/corruption-prevention/key-concepts/values-alignment (accessed on
24 June 2018).

Barratt, M. (2004), "Understanding the meaning of collaboration in the supply chain", *Supply* [18]
Chain Management: An International Journal, Vol. 9/1, pp. 30-42,
http://dx.doi.org/10.1108/13598540410517566.

Bovaird, T. (2006), "Developing New Forms of Partnership With the 'Market' in the Procurement [13]
of Public Services", *Public Administration*, Vol. 84/1, pp. 81-102,
http://dx.doi.org/10.1111/j.0033-3298.2006.00494.x.

Dale, E. (2016), *Collaboration in the supply chain*. [15]

Fazekas, M. and G. Kocsis (2017), "Uncovering High-Level Corruption: Cross-National Objective [24]
Corruption Risk Indicators Using Public Procurement Data", *British Journal of Political*
Science, pp. 1-10, http://dx.doi.org/10.1017/S0007123417000461.

KPMG and SECOR (2013), *Revue indépendante de la gestion contractuelle des dépenses* [23]
supplémentaires associées à des contrats de construction et de services de certains
organismes publics Québécois,
https://www.tresor.gouv.qc.ca/fileadmin/PDF/Nouvelles/RapportKPMG_SECOR.pdf
(accessed on 24 June 2018).

Lonsdale, C. et al. (2010), "Supplier Behaviour and Public Contracting in the English Agency [12]
Nursing Market", *Public Administration*, Vol. 88/3, pp. 800-818,
http://dx.doi.org/10.1111/j.1467-9299.2010.01846.x.

Manuel, K. (2015), *Evaluating the "Past Performance" of Federal Contractors: Legal* [20]
Requirements and Issues, Congressional Research Service, http://www.crs.gov (accessed on
26 July 2018).

Ministère de l'Economie, France (2013), "Les délais de paiement dans les contrats de la [27]
commande publique",
https://www.economie.gouv.fr/files/files/directions_services/daj/marches_publics/textes/autres
-textes/fiche-decret-delais-paiement.pdf (accessed on 30 July 2018).

National Health System (NHS) (2016), *Tackling Fraud, Bribery & Corruption: Policy &* [5]
Corporate Procedures, https://www.england.nhs.uk/wp-content/uploads/2013/11/frd-brib-corr-
pol.pdf (accessed on 24 July 2018).

National Small Business Association (2017), *Feds Prompt Payment Policy Expiring*, [28]
http://nsba.biz/feds-prompt-payment-policy-expiring/ (accessed on 30 July 2018).

NHS Counter Fraud Authority (2018), *Invoice fraud guidance for prevention and detection*, https://cfa.nhs.uk/resources/downloads/guidance/NHSCFA%20Invoice%20fraud%20guidance%20-%20v1.0%20July%202018.pdf (accessed on 24 July 2018). [6]

OCDE (2017), *Brazil's Federal Court of Accounts: Insight and Foresight for Better Governance*, Examens de l'OCDE sur la gouvernance publique, Éditions OCDE, Paris, http://dx.doi.org/10.1787/9789264279247-en. [3]

OCDE (2015), *Recommandation du Conseil de l'OCDE sur les marchés publics*, OCDE, Paris, https://www.oecd.org/fr/gouvernance/ethique/Recommandation-OCDE-sur-les-marches-publics.pdf. [4]

OCDE (2014), *Rapport de l'OCDE sur la corruption transnationale: Une analyse de l'infraction de corruption d'agents publics étrangers*, Éditions OCDE, Paris, https://dx.doi.org/10.1787/9789264226623-fr. [10]

OCDE (2013), "Issues paper on corruption and economic growth", https://star.worldbank.org/sites/star/files/oecd_issues_paper_on_corruption_and_economic_growth_2013.pdf (accessed on 25 July 2018). [16]

OCDE (2013), *Public Procurement Review of the Mexican Institute of Social Security: Enhancing Efficiency and Integrity for Better Health Care*, Examens de l'OCDE sur la gouvernance publique, Éditions OCDE, Paris, https://dx.doi.org/10.1787/9789264197480-en. [26]

Office of Federal Procurement Policy (2013), *Improving the collection and use of information about contractor performance and integrity*, https://www.acq.osd.mil/dpap/policy/policyvault/USA001513-13-DPAP.pdf (accessed on 20 July 2018). [19]

Piga, G. (2011), "A fighting chance against corruption in public procurement?", *International Handbook on the Economics of Corruption*, Vol. Two, http://www.gustavopiga.it/wordpress/wp-content/uploads/2012/01/Ch5.pdf (accessed on 24 June 2018). [1]

PwC, Ecorys (2013), *Identifying and Reducing Corruption in Public Procurement in the EU*, https://ec.europa.eu/anti-fraud/sites/antifraud/files/docs/body/identifying_reducing_corruption_in_public_procurement_en.pdf (accessed on 23 July 2018). [21]

Racca, G. and R. Perin (2013), "Material Amendments of Public Contracts during their Terms: From Violations of Competition to Symptoms of Corruption", *European Procurement and Public Private Partnership*, Vol. 8/4, http://papers.ssrn.com/sol3/pa- (accessed on 20 July 2018). [22]

Secrétariat du Conseil du trésor (2018), *Entreprises inscrites au RENA*, https://rena.tresor.gouv.qc.ca/rena/rechercher.aspx?type=lettre&lettre=a-z (accessed on 27 July 2018). [2]

Secrétariat du conseil du Trésor (2018), *Balises à l'égard des exigences et des critères contractuels en services profesionnels liés à la construction*, https://www.tresor.gouv.qc.ca/fileadmin/PDF/faire_affaire_avec_etat/Balise_construction_services_professionnels.pdf (accessed on 24 July 2018). [7]

VGQ (2017), "Audit particulier (partie 2). Ministère des Transports, de la Mobilité durable et de l'Électrification des transports : gestion contractuelle", in *Rapport du Vérificateur général du Québec à l'Assemblée nationale pour l'année 2017-2018*, http://www.vgq.gouv.qc.ca/fr/fr_publications/fr_audit-particulier-enquete/fr_Rapport2017-2018-MTMDET-partie-2/fr_Rapport2017-2018-MTMDET.pdf. [8]

VGQ (2017), "Rapport du Vérificateur général du Québec à l'Assemblée nationale pour l'année 2016-2017", http://www.vgq.gouv.qc.ca/fr/fr_publications/fr_rapport-annuel/fr_2016-2017-Hiver/fr_Rapport2016-2017-HIVER-Chap05.pdf (accessed on 22 June 2018). [14]

Ville de Charleston (2016), "Third Party Inspection Program Policy", http://www.charleston-sc.gov/DocumentCenter/View/12847 (accessed on 24 July 2018). [9]

Note

[1] Rapport d'analyse du Secrétariat du conseil du trésor concernant les lignes internes de conduite, Juillet 2016

www.ingramcontent.com/pod-product-compliance
Lightning Source LLC
LaVergne TN
LVHW081408110826
845149LV00010B/1669